이 렇 게 쉽 고 재 미 있 는 요 한 계 시 록

요한계시록은 쑥떡이다

오종윤 지음

쿰란출판사

추천사

오종윤 목사님이 쓴 요한계시록 원고를 처음부터 끝까지 단숨에 읽었습니다. 통째로 읽지 않으면 소중한 보화를 잃어버릴 것 같았기 때문입니다. 어려운 계시록을 너무 쉽게 읽었습니다. 무엇보다 중간 중간에 나오는 예화들은 얼마나 시의적절한지 닫힌 벽을 뚫어주는 시원한 창문 같았습니다.

다 읽고 나니 분명해졌습니다. 혼란스럽고 복잡하게 느껴졌던 계시록이 일목요연하게 정리되었습니다. 벌써 오 목사님의 계시록 출판이 기다려집니다.

김진수 목사(반석위에세운교회)

요한계시록은 때로 딜레마다. 성경의 마지막을 장식한 매우 중요한 책임에도 불구하고 언제나 오해와 논쟁의 중심에 서 있기 때문이다. 그런 의미에서 오종윤 목사의 책 《요한계시록은 쑥떡이다》는 한 줄기 생수같이 명쾌한 책이다. 신학적으로 매우 균형이 잡혀 있으면서 쉽고 옹골지다. 그가 얼마나 교회 현장을 깊이 이해하고 사랑하는지, 그가 얼마나 말씀 앞에 성실한지가 느껴져 가슴 뭉클한 책이다.

육순종 목사(성북교회, 비전아시아미션 이사장)

그냥 읽어서는 아리송한 요한계시록을 확실하게 설명해 주는 성경교재네요. 엉터리 교리를 진리처럼 왜곡시켜 순박한 사람들을 미혹하는 이단의 활동이 극심한 시기에 정말 필요하고 좋은 책입니다. 교우들이 읽기만 하면 더이상의 어떤 설명이 필요 없이 요한계시록을 이해하게 될 것이니 꼭 읽어 보기를 권합니다.

오종윤 목사님은 오랜 목회 생활과 성서 연구를 통하여 진심으로 성도들에게 성경을 가르쳐 온 설교자이고 학자인데, 이 책은 동시에 그가 탁월한 이야기꾼이고 작가이기도 함을 확인해 줍니다. 이렇게 쉽고 재미있고 올바른 요한계시록 해설서가 나오게 되어서 참 즐겁습니다.

김성룡 목사(광주고백교회)

추천사를 위해서 오종윤 목사님이 보내주신 원고를 받자마자 연필을 쥐고 꼼꼼하게 줄을 쳐 가면서 다 읽었습니다. 오 목사님 특유의 구수한 글들이 원고에서 눈을 뗄 수 없게 만들었습니다. 어렵고 파악하기 힘든 요한계시록을 올바로, 쉽게 이해할 수 있도록 중요한 핵심들을 잘 꼬집어 정리해 주어, 눈의 비늘이 떨어지는 것 같았습니다. '성경 읽고 답하기' 부분에서는 요한계시록을 한 장 한 장 읽고 정성껏 답을 썼습니다. 쓰는 것에서 공부의 진지함이 우러나와 좋았습니다.

우리 교회에서는 오 목사님의 《구약 문지방 넘기》와 《신약 문지방 넘기》가 나오자마자 아주 재미있게 주일 오후 성경공부를 했기에 오 목사님의 이번 《요한계시록은 쑥떡이다》가 아주 반갑기 그지없습니다. 성경공부 교재를 위한 오 목사님의 꾸준한 노고에 감사드립니다.

박영주 목사(잠실희년교회)

그 옛날 하나님이 누군가를 통해 당신의 말씀을 쓰게 했듯이, 오늘의 시대와 현장에서는 그 말씀을 제대로 읽어내고 풀어낼 수 있는 사람을 세우시는 것을 볼 수 있다면 그 중의 한 분이 오종윤 목사입니다.

우리 교회에서는 오 목사님을 모시고 하루종일 구약과 신약을 통틀어서 강의를 들은 적이 있습니다. 모든 교인들이 이구동성으로, 어렵게만 느껴지던 성경을 너무나 쉽고, 재미있게 풀어주었다고 좋아하였습니다.

이미 《구약 문지방 넘기》와 《신약 문지방 넘기》라는 평신도 눈높이의 책을 통해 성서의 입문을 활짝 열어 놓은 그가 이제는 한 걸음 성큼 들어가 어렵고 두렵게 생각되는 요한계시록을 쉽고 따뜻하게 다가오게 해줍니다. 밤새 쌓인 짙은 안개가 아침 햇살에 흔적도 없이 사라지듯 우리 안에 머물던 복잡하고 어지러운 생각들을 이 책을 통해 선명하게 해줍니다.

백영기 목사(쌍샘자연교회)

머리말

제가 쓴 《구약 문지방 넘기》와 《신약 문지방 넘기》는 신·구약성경 66권을 평신도들이 이해하기 쉽게 해설한 성경입문서입니다. 두 책이 많은 교회에서 성경공부 교재로 자리잡게 되었고, 이 책을 공부한 이들이 저를 만날 때마다 '문지방'의 후속판은 언제 나오냐고 물어 왔습니다. 이번에 펴내는 《요한계시록은 쑥떡이다》는 《구약 문지방 넘기》, 《신약 문지방 넘기》의 후속판으로 첫 번째 책입니다.

요한계시록은 그동안 이단의 전유물처럼 여겨졌고, 목회자들은 요한계시록을 해설하거나 설교하는 것을 꺼려 왔습니다. 그러는 동안에 요한계시록에 대한 잘못된 해석들이 한국 교회에 난무하게 되었고, 교인들은 이런 해석을 여과 없이 받아들이게 되었습니다. 이런 배경에서 사이비, 이단 세력이 요한계시록을 교묘하게 해석하여 교인들을 현혹시키고, 한국 교회를 혼란에 빠뜨렸습니다.

저는 이 책을 통해서 평신도들이 요한계시록을 바르게 이해할 수 있는 길을 열어 주고자 했습니다. 요한계시록의 내용은 복잡합니다.

더군다나 요한계시록에 대한 해석은 워낙 방대하고 다양해서 그 해석을 정리하는 것이 더 복잡합니다. 잘못된 해석이 버젓이 통용되고 있고, 심지어는 이단을 비판하는 이들이나 전문적인 학자들의 글에서도 한두 가지 잘못된 해석이 눈에 띄기도 했습니다.

사정이 이렇다 보니 평신도들이 안심하고 읽을 수 있는 요한계시록 해설서가 그리 많지 않습니다. 저는 이 책이 비록 얇지만 요한계시록의 핵심 사항을 거의 다 담고 있고, 요한계시록을 올바르게 해석하는 방법을 가르쳐 주고 있다고 자부합니다. 독자 여러분은 이 책을 읽고 나면 요한계시록에 대한 바른 안목을 얻게 될 것입니다.

실상 요한계시록은 몇 가지 원칙만 확실히 파악하면 해석하기가 그다지 어렵지 않습니다. 저는 ① 예수 그리스도 중심 ② 상징적인 해석 ③ 반복기법 ④ 세대주의 배격 등으로 그 원칙을 제시했습니다. 이 원칙만 확고하게 붙잡고 있으면 요한계시록을 잘못 해석하는 길에 빠지지 않는다고 확신합니다. 그 나머지 사소한 해석의 차이는 크게 문제되지 않습니다. 그 중에서 최소한 요한계시록이 상징적으로 기록되어 있다는 것, 반복기법을 자주 사용하고 있다는 것만 알고 있어도 이단 세력의 요한계시록 해석이 얼마나 터무니없는가를 금방 알아차릴 수 있습니다. 그런데 이 간단한 원칙을 몰라서 엉터리 해석에 속아 넘어가는 경우가 많으니 참으로 안타까운 일입니다.

한국 교회는 평신도가 차분하게 요한계시록을 공부할 수 있는 변변한 성경공부 교재조차 찾아보기 힘든 형편입니다. 따라서 목회자들이 안심하고 이 책을 성도들에게 권해도 된다고 생각합니다. 특히 이단 때문에 골머리를 앓는 목회자들은 이 책을 가지고 성도들과 함께 요한계시록을 공부하면 큰 성과가 있을 것입니다. 저도 교회에서 이 책의 내용으로 성경공부를 인도해 보았는데 참석한 교인들의 반응이 좋았고, 시종 폭소가 터져나오는 등 즐거운 분위기가 전개되었습니다. 이 책이 이단을 물리치는 강력한 무기가 되기를 바랍니다.

이 책은 평신도용 성경공부 교재이기 때문에 평신도의 눈높이에 맞추어서 쉽고, 재미있게 쓰려고 애를 썼습니다. 특별히 그림을 넣어서 내용을 파악하는 데 도움을 주고자 했습니다. 본래 요한계시록의 선포 내용은 그림 언어로 생생하게 묘사되어 있기 때문에 그림이 꼭 필요합니다. 다행히 기독교 만화가로 활약하고 있는 곽원일 선교사를 만나게 되어 그분이 저의 어려운 부탁을 흔쾌히 허락해 주셨습니다. 덕분에 멋진 그림과 구수한 강의가 만나서 평신도들이 흥미진진하게 읽을 수 있는 책이 되었습니다.

이 책에서는 요한계시록에서 별로 중요하지 않은 내용이나 첨예한 논쟁이 벌어지는 내용은 과감히 생략하고 평신도들에게 꼭 필요하다고 생각되는 핵심적인 내용만을 추려서 집중적으로 해설했습니다.

해설 내용 중에서 중간 계시의 중요성, 상징과 상징의 뜻을 구분하는 방법, 요한계시록의 평화 사상 등은 저의 독창적인 견해가 반영된 것임을 밝혀 드립니다.

이 책을 내는 데는 용기가 필요했습니다. 저와 견해를 달리하는 분들이 있을까 염려되었기 때문입니다. 이 책을 쓰기 전에 요한계시록에 관한 웬만한 책들은 거의 다 살펴보았습니다. 주석 책이나 단행본을 비롯하여 세미나 자료나 이단 집단의 선전물까지도 가능한 한 꼼꼼히 읽어 보았습니다. 그 모든 자료를 토대로 가장 건전하고 올바른 해석을 시도하려고 애를 썼지만 본의 아니게 미흡한 부분이나 오류가 있을 수도 있습니다. 혹시 그런 대목이 있으면 너그러운 마음으로 넌지시 짚어 주시기 바랍니다.

평신도용 성경공부 교재인 《구약 문지방 넘기》, 《신약 문지방 넘기》의 후속판은 계속됩니다. '신나는 바울서신 이야기'와 '구수한 시가서 이야기', '구수한 소예언서 이야기'도 집필이 끝났고, 사정이 허락되는 대로 계속 출판하려고 합니다. 기도해 주시기 바랍니다.

이 책자가 이단 때문에 어려움을 겪고 있는 한국 교회를 굳게 세우는 데 조금이라도 도움이 되기를 바랍니다.

2016년 8월

하나님의 사람 오종윤

이 책을 읽는 방법

1. 첫째는 '읽는 원칙'을

먼저 1부에서 '요한계시록을 읽는 몇 가지 원칙'을 여러 번 읽어서 머릿속에 완전히 집어 넣으십시오. 여기에서 제시한 해석의 원칙은 제가 오랜 독서와 묵상 끝에 얻어낸 소중한 결론입니다. 요한계시록은 해석의 원칙을 분명히 파악하지 못하면 엉뚱한 해석을 할 우려가 있기 때문에 이를 확실하게 익혀야 합니다.

2. 내용 파악부터

그다음에는 요한계시록의 각 장을 읽고 내용 파악을 하시기 바랍니다. 이를 위해서 각 장마다 간단한 질문과 내용 요약을 실어 놓았습니다. 성경을 직접 읽은 다음에 질문에 답하고, 내용 요약을 읽으면서 정리하십시오. 요한계시록은 여러 가지 사건과 환상들이 복잡하게 얽혀 있는 까닭에 무엇보다도 먼저 내용을 정확하게 파악하는 것이 중요합니다.

3. 그림을 참고해서

핵심적인 장에서는 내용 파악에 도움을 주기 위해서 '그림'을 첨부했습니다. 본래 요한계시록의 내용은 요한이 본 환상으로 엮어져 있고, 이 환상은 핵심 주제를 그림처럼 생생하게 보여주고 있습니다. 그래서 22장 전체에 주제를 상징하는 '조그만 그림'을 그려 넣었고, 핵심적인 장 앞에는 '큰 그림'을 그려 넣었습니다. 이 그림을 살펴보면서 내용의 핵심을 정리하면 큰 도움이 될 것입니다.

4. 그 다음에 해설을

각 장의 내용을 파악한 후에는 내용 해설을 읽어 보십시오. 내용 해설은 손으로 짚어가면서 천천히 읽어야 합니다. 한 번 읽어서는 잘 이해가 되지 않으니까 여러 번 반복해서 읽어 보십시오. 그래도 이해가 되지 않는 내용은 밑줄을 그어 놓았다가 나중에 다시 읽어 보십시오.

5. 마지막에 특강을

이제 2부로 넘어가서 '특강'을 읽으십시오. 요한계시록에서 몇 가지 핵심 내용을 추려서 좀더 자세하게 해설을 했습니다. 특강 부분은 실제로 청중들을 대상으로 강의하는 것처럼 쉽고 재미있게 썼으므로 아주 편한 마음으로 읽기 바랍니다. 꼭 순서대로 읽을 필요는 없고 마음에 끌리는 제목에 따라 아무 데나 골라 읽어도 상관없습니다.

목차

요한계시록은

쑥떡이다

1부

요한계시록을 공부합시다

요한계시록을 읽기 전에

제목에 대하여

1. 요한계시록은 쑥떡이다?

'요한계시록은 쑥떡이다'라는 제목을 보고 여러분은 고개를 갸우뚱했을 것입니다. 요한계시록과 쑥떡이 무슨 관계가 있는가 몹시 궁금하겠지요. 여러분의 궁금증을 풀어드리겠습니다.

저는 개떡을 참 좋아합니다. 저뿐만 아니라 시골 어르신들은 개떡을 꽤나 좋아합니다. 개떡은 대개 쑥을 넣어서 만들기 때문에 쑥떡이라고도 부릅니다. 이름이 개떡이든 쑥떡이든 참 맛있는 떡이 분명한데 종종 이 이름이 욕으로 쓰이기도 합니다. '개떡 같은 짓'이라든지 혹은 "아나, 쑥떡이나 먹어라" 같은 말에서는 욕이 됩니다. 묘한 일이지요. 맛있는 쑥떡이 욕으로 쓰이다니 안타까운 일입니다. 본래 쑥떡은 맛있고 몸에도 좋은 것입니다. 쑥떡의 명예 회복이 필요합니다.

요한계시록도 이와 비슷합니다. 요한계시록은 성경 66권 중에서 가장 귀하고 소중한 책인데 어쩌다가 이단, 사이비의 단골 메뉴처럼 되고 말았습니다. 요한계시록을 쓴 요한이 보면 통탄할 노릇입니다. 요한계시록은 그런 책이 아닙니다. 요한계시록은 성경 전체를 요약하는 책이고, 성경의 중요한 주제들이 총망라된 책이고, 성경 전체에서 가장 핵심적인 책입니다. 이렇게 중요한 요한계시록이 엉뚱하게도 이단의 교과서인 양 오해받고 있다는 것은 기가 막힐 일입니다.

이제 요한계시록의 명예 회복이 필요합니다. 쑥떡이 몸에 좋은 것처럼 요한계시록도 우리의 영혼에 좋은 책입니다. 그런 의미에서 이 책의 제목을 《요한계시록은 쑥떡이다》라고 붙였습니다.

2. 요한계시록은 '쑥덕공론'이다

쑥떡은 '쑥덕공론'이라는 말과도 연결이 됩니다. 물론 쑥덕공론과 쑥떡은 아무 관련이 없지만 발음이 비슷하지요. 쑥덕공론이란 몇몇 사람이 비밀스럽게 이야기 나누는 것을 말합니다. 주로 남을 흉보거나 헐뜯는 이야기가 많습니다. 그런 쑥덕공론이 아니라 좋은 의미에서의 쑥덕공론도 있습니다.

초대교회는 로마 황제 숭배를 거부한 까닭에 무수한 박해를 받았습니다. 초대 교인들은 로마 제국의 눈을 피해 은밀히 모여서 서로 격려하고 신앙을 다지는 이야기들을 몰래 나누었습니다. "로마 제국의 배후 세력이 사탄이래. 로마 제국이 머지않아 무너진다네. 우리 조금만 참고 기다리세. 우리가 승리할 날이 얼마 남지 않았네", 주로 이런 이야기들을 주고받았겠지요. 이게 바로 쑥덕공론입니다. 이런 쑥덕공론이 모아져서 요한계시록이라는 책이 이루어진 것입니다. 그러니까 요한계시록은 좋은 의미의 쑥덕공론입니다.

《요한계시록은 쑥떡이다》라는 제목은 다른 말로 하면 '요한계시록은 쑥덕공론이다'라는 말과 같습니다. 여러분은 이 책을 '쑥덕공론 요한계시록'이라고 불러도 좋습니다.

3. 원폭의 재앙을 이긴 쑥처럼

쑥떡의 재료인 쑥은 대단한 생명력을 가지고 있습니다. 히로시마에 원자폭탄이 떨어졌을 때 그 땅에 있는 모든 나무나 풀이 죽어버렸지요. 그런데 쑥만 살아남아서 다시 자라났답니다. 쑥대밭이 되었다는 말이 그런 뜻입니다. 요한계시록에서는 마지막 날 무서운 재앙이 이 땅에 쏟아지지만 이마에 하나님의 인을 맞은 사람들은 그 모든 재앙을 이기고 살아남게 된다고 가르쳐 줍니다. 종말의 재앙에서 살아남은 이들은 말하자면 원폭에서 살아남은 쑥과 같은 존재들입니다. 요한계시록을 읽으면 종말의 재앙을 이길 수 있는 비법을 터득하게 됩니다.

또한 쑥은 '쑥쑥' 잘 큰다고 해서 생겨난 이름입니다. 요한계시록을 제대로 해석해서 읽기만 하면 여러분의 신앙이 '쑥쑥' 자라게 됩니다. 신앙이 쑥쑥 자라면 이단을 거뜬히 이겨 내고, 예수님의 몸 된 교회를 잘 지켜 나갈 수가 있습니다. 신앙을 쑥쑥 자라게 하는 비결이 요한계시록에 담겨 있습니다. 그래서 요한계시록을 쑥떡이라고 하는 것입니다.

요한계시록은 해석이 중요

요한계시록, 약인가 독인가?

제목에 대해 해명을 드렸으니까 이제 본격적으로 요한계시록 이야기를 시작하겠습니다. 가끔 언론을 통해서 복어 요리를 먹다가 복어 독에 중독되어서 사경을 헤맨다는 소식을 듣습니다. 복 요리가 참 맛있습니다. 졸복은 암환자에게 약이 되기도 한다고 합니다. 하지만 자칫 복 요리를 잘못하면 독에 중독되는 경우가 있습니다.

요한계시록도 복 요리처럼 약이 되기도 하고, 독이 되기도 합니다. 요한계시록을 잘 해석하면 우리 신앙생활에 약이 되지만 잘못 해석하면 치명적인 독이 되어서 이단이나 사이비에 빠지게 됩니다. 그러므로 요한계시록을 바르게 읽고 해석하는 것은 대단히 중요한 일입니다. 제가 경험이 풍부하고 노련한 요리사처럼 요한계시록을 잘 요리해서 여러분에게 드릴 테니까 안심하고 맛있는 요리를 즐기시기 바랍니다.

청개구리는 왜 우나요?

비가 오면 청개구리가 울어댑니다. 여러분에게 질문을 하나 던지겠습니다. 청개구리는 왜 우나요? 어머니 무덤이 떠내려가니까요? 그것도 맞는 말이지만 좀더 근본적인 원인이 있습니다. 그것은 어머니의 유언을 잘못 해석했기 때문입니다. 냇가에 묻어 달라는 유언을 반대로 해석하지 않고 곧이곧대로 해석했기 때문입니다. 유언을 잘못 해석한 탓에 어머니에게 천추에 씻지 못할 죄를 지었고, 비만 오면 애통하는 심정으로 서글프게 우는 것입니다.

성경도 마찬가지입니다. 성경을 잘못 해석하면 이런 낭패를 당하게 됩니다. 특히 요한계시록은 더욱더 그렇습니다. 요한계시록은 해석하기가 아주 까다로운 책입니다. 요한계시록을 읽다 보면 요한계시록 자체보다 요한계시록을 해석한 내용을 정리하는 것이 훨씬 더 어렵다는 생각이 듭니다. 실상 몇 가지 해석의 원칙만 확고하게 지키면 요한계시록 자체를 읽어 나가는 것은 그렇게 어렵지 않습니다. 요한계시록을 해석하는 원칙을 모르면 온갖 복잡하고 다양한 해석들 속에서 머리가 복잡해지고 길을 잃게 됩니다. 따라서 요한계시록을 읽기 전에 요한계시록을 해석하는 원칙을 분명히 알고 넘어가는 것이 필수적입니다.

요한계시록을 읽는 몇 가지 원칙

1. 예수 그리스도를 중심으로 읽어야 합니다.

요한계시록에서 예수님은 '어린 양'으로 등장합니다. 요한계시록에서 어린 양을 빼놓으면 아무것도 남지 않게 됩니다. 하나님의 두루마리를 펴실 분은 온 천하에 오로지 '어린 양' 예수님뿐입니다(5장). 구원받은 허다한 무리들은 모두 '어린 양'의 피에 그 옷을 씻어 희게 한 사람들입니다(7:14). '어린 양'이 그들의 목자가 되셔서 생명수 샘으로 인도하시고(7:17), 그들은 '어린 양'과 함께 시온 산에 서 있게 되고, 이마에는 '어린 양'의 이름을 써 넣었습니다(14:1-2). 이들은 마지막 날 '어린 양'의 혼인 잔치에 청함받는 복을 누리게 됩니다(19장).

새 예루살렘 성은 '어린 양'의 신부가 되며(21:9), '어린 양'은 새 예루살렘 성의 성전과 등불이 되십니다(21:22-23). 한 마디로 어린 양 예수님이 아니고서는 박해를 이겨 낼 수도 없고, 구원을 얻을 수도 없습니다. 이렇게 요한계시록 전체는 처음부터 끝까지 어린 양 예수 그리스도를 중심으로 엮어졌습니다. 그러므로 요한계시록은 예수 그리스도를 중심으로 읽고 해석해야 합니다. 이것이 요한계시록을 읽는 첫 번째 원칙입니다.

만약 요한계시록에서 예수님의 이름을 뺀다든지 혹은 예수님 대신 다른 이름을 끼워 넣는다면 그것은 요한계시록 전체를 부정하는 셈이 됩니다. 이단, 사이비 집단이 흔히 저지르는 일이 바로 이것입니다. 이단 세력의 교리를 자세히 살펴보면 마지막에 가서는 반드시 예수님을 깎아내립니다. 이들은 예수님 대신에 다른 구원자가 필요하다고 주장하거나 자기들의 교주를 예수님보다 더 높이는 경향이 있습니다. 이것은 명백한 잘못입니다. 요한계시록은 예수 그리스도를 중심으로 읽어야 한다는 이 첫 번째 원칙을 한 순간이라도 잊어서는 안 됩니다. 그래야 이단의 유혹에 빠지지 않습니다.

2. 문자적으로 읽지 말고 상징적으로 읽어야 합니다.

성경을 해석하는 방법에는 문자적인 해석과 상징적인 해석이 있습니다. 성경을 해석할 때 본문을 문자적으로 해석할 것인가 상징적으로 해석할 것인가를 결정하는 것은 아주 중요한 일입니다. 문자적인 내용을 상징적으로 해석한다든지, 상징적인 내용을 문자적으로 해석하면 본문의 본래 의도와는 전혀 다른 엉뚱한 해석을 하게 됩니다.

요한계시록은 대부분 상징적인 내용으로 기록되어 있습니다. 요한계시록을 비롯한 묵시문학이 대부분 상징, 암호, 비유, 숫자 등을 즐겨 사용하고 있습니다. 이런 책들은 박해 시기에 쓰여졌기 때문입니다.

옛날 이야기 하나. 예전에 한양에 '굴러다니는 사람'이 있었습니다. 이 사람은 하루 종일 온 장안을 데굴데굴 굴러다닙니다. 참 희한한 사람이죠. 이 사람이 굴러다니게 된 계기가 있습니다. 한양에서 벼슬 자리를 얻고 싶어서 뭔가 좀 아는 사람한테 물어 보았더니 "한양에서 벼슬하려면 한 삼 년은 굴러다녀야지" 하는 것이었습니다. 이 사람은 그 말을 곧이듣고 그때부터 한양 한복판에서 굴러다니기 시작했습니다. '굴러다닌다'는 말을 '고생하면서 지낸다'는 말로 쓴 것인데 이 사람은 이 말을 '문자적'으로 해석해서 진짜로 굴러다닌 것입니다.

저도 그런 경험이 있습니다. 제가 어렸을 때 옆집 아저씨가 '애기를 보라'고 하면서 갓난아기를 맡기고 갔습니다. 더운 여름날 친구들하고 멱감으러 가야 되는데 애기를 맡겼으니 기분이 썩 좋지 않았습니다. 어쨌거나 애기를 맡겼으니 부탁은 들어 줘야지요. 그런데 어린 나이에 '애기를 보라'는 말이 무슨 뜻인지를 이해할 수가 없었습니다. 그냥 애기를 쳐다보라는 말인 줄 알았습니다. 그래서 애기를 마루에 앉혀 놓고 애기를 쳐다보는데 애기가 마루 끝으로 기어가더니 그만 땅바닥으로 굴러 떨어지고 말았습니다.

저는 애기가 마루 끝으로 기어가는 모습, 마루에서 굴러 떨어지는 모습을 두 눈 똑바로 뜨고 쳐다보았습니다. 보라고 했으니까 정확하게 봤지요. 애기가 자지러지게 우니까 옆집 아저씨가 깜짝 놀라서 나타나더니 저한테 호통을 쳤습니다. 애기를 보라고 했더니 왜 마루에서 떨어지게 놔두었냐고요. 저는 그때 억울하기 짝이 없었습니다. 애기를 보라고 해서 떨어지는 장면을 분명히 봤는데 왜 화를 내는지 이해할 수 없었어요.

이게 다 문자적인 해석 탓입니다. 문자적인 해석을 하면 이런 불상사가 생깁니다.

요한계시록에서 '흰옷'을 문자적으로 해석하면 안 됩니다. '흰옷'은 죄가 씻겨 깨끗해진 상태를 상징하는 것입니다. 그런데 흰옷을 문자적으로 해석해서 흰옷 입고 산 속에 들어가서 휴거되기를 기다린 사람들이 있었으니 기가 막힐 일입니다. 흰옷을 입든, 검은 옷을 입든 죄가 씻겨 정결해진 사람만이 구원받는 법입니다.

14만 4천 명도 이단, 사이비에서 문자적으로 해석합니다. 14만 4천 명을 실제 숫자로 해석해서 14만 4천 명이 채워지면 종말의 때가 온다느니 14만 4천 명에 속해야만 구원을 얻는다느니 하는 식으로 성도들을 현혹시킵니다. 그러나 14만 4천 명은 실제 숫자를 가리키는 것이 아니라 상징적인 숫자입니다. 14만 4천 명을 상징적인 숫자로 해석하면 마지막 날에 구원받을 무리의 수효는 제한한 수가 아니라 무한한 수라는 사실을 알게 됩니다. 이렇게 14만 4천 명이 문자적인 숫자가 아니고 상징적인 숫자라는 사실만 분명히 알고 있어도 웬만한 이단은 다 물리칠 수 있습니다. 이 간단한 원칙을 몰라서 이단에 빠지는 사람이 있다는 것은 참으로 안타까운 일입니다.

3. 시간의 흐름이 아니라 사건의 반복으로 엮어졌습니다.

어렸을 때 방학을 하면 제일 먼저 하는 일이 '하루 일과표'를 짜는 일이었습니다. 흰 종이에 커다란 동그라미를 그려 넣고 시간별로 나누어서 공부하기, 놀기, 밥 먹기, 잠자기 등을 써 넣었지요. 물론 시간표대로 지킨 적은 거의 없었지만요. 가끔 장난기가 동하면 형이 그린

일과표에 낙서를 하기도 했습니다. '잠자기' 시간의 중간쯤에 '오줌 누기'를 써 넣는 것이죠. 그러면 집에 찾아온 사람들이 그걸 보고는 배꼽을 잡고 웃었습니다.

요한계시록을 방학 일과표 정도로 생각하는 사람들이 있습니다. 요한계시록의 내용은 연대순으로 기록된 것이 아닙니다. 다시 말하면, 4장에 나오는 사건이 일어난 후에 5장에 나오는 사건이 이어지고, 5장의 사건 이후에 6장의 사건이 이어지는 것이 아니라는 사실입니다. 오히려 요한계시록에서는 똑같은 사건을 다른 각도에서 반복적으로 보여주는 경우가 많습니다. 예를 들면, 바벨론의 멸망이 세 번이나 나옵니다. 그렇다고 해서 바벨론이 세 번 멸망했다고 생각하면 곤란합니다. 이것은 바벨론의 멸망을 여러 각도에서 반복적으로 조명하고 있는 것입니다.

취직 시험을 준비하는 어떤 학생이 국사 공부를 하면서 국사책에 대한 불만을 터뜨렸습니다. 불만의 내용은 이렇습니다. 대부분의 국사책이 어느 특정한 시대를 정치사, 경제사, 문화사, 생활사 등으로 나누어서 서술하고 있습니다. 그렇게 해 놓으면 주제별로 공부하기는 편리하지만 시대별로 흐름을 파악하기가 어렵습니다. 똑같은 시대를 여러 주제로 쪼개 놓으니까 연대순으로 일목요연하게 정리가 되지 않는다는 것이지요.

그 학생은 국사책을 연대순으로 죽 서술해 나가다가 그 시대에 등장하는 인물이나 사건, 사상, 책 등을 소개하면 좋겠다고 했습니다. 그러면 어느 시대에 어떤 사람이 무슨 일을 했고, 무슨 사상이 그때에 나타났는지 알 수 있지 않겠느냐는 주장입니다. 시대별로 서술하느냐, 주제별로 서술하느냐 하는 것은 각기 장·단점이 있습니다.

요한계시록의 기록은 어떤가요? 요한계시록은 시대별로 서술하지 않고, 주제별로 서술하고 있습니다. 국사책과 비슷한 셈이죠. 예를 들어 봅시다. 요한계시록에서 '3년 반'이라는 기간이 여러 번 나옵니다. 3년 반을 풀어서 '42달'이라고도 하고, '1,260일'이라고도 합니다. 그러면 3년 반이 두 번 나온다고 해서 합해서 7년이 되는 것일까요? 사실 한국 교회에 널리 퍼져 있는 '7년 대환란'이라는 개념은 이렇게 해서 만들어진 것입니다. 분명한 사실은 '7년 대환란'은 요한계시록 어디에도 나오지 않는 허구적인 개념입니다.

11장의 두 증인의 이야기에서 '42달'(11:2)과 '1,260일'(11:3)이 나옵니다. 이어서 12장의 용과 여인의 대결에서도 역시 '1,260일'(12:6)과 '한 때 두 때 반 때'(12:14)가 나오고, 또한 13장에서도 '42달'(13:5)이 나옵니다. 이 기간을 연속적인 시간으로 이해하면 안 됩니다.

어떤 이는 이를 연대순으로 받아들여서 '전(前) 삼 년 반'과 '후(後) 삼 년 반'이라는 말을 만들어 내기도 했습니다. 그러나 두 번의 '삼 년 반'이 있는 것이 아니라 한 번의 '삼 년 반'이 있을 뿐입니다. 똑같은 '삼 년 반'을 다양한 관점에서 반복적으로 서술하고 있는 것입니다. 즉 11장에서는 '삼 년 반'을 교회의 증언이라는 관점에서 기록하고, 12장에서는 하나님이 교회를 보호하고 양육하신다는 관점에서 기록하고, 13장에서는 사탄의 대리자인 짐승이 박해하는 관점에서 기록하고 있습니다. 똑같은 '삼 년 반'을 '증언', '보호', '박해'라는 주제를 가지고 반복해서 서술한 것입니다.

4. 요한계시록에서 종말의 날짜를 계산할 수 없습니다.

교회 역사 속에서 요한계시록을 근거로 하여 종말의 날짜를 계산해 낸 사람들이 많이 있습니다. 멀리 갈 것 없이 우리나라에서도 다미선교회에서 휴거 소동을 벌였다가 불발된 적이 있습니다. 이른바 시한부 종말론입니다.

현대에 와서 종말의 날짜를 계산하는 풍조는 '세대주의'의 영향이 큽니다. '세대주의'에 대해서는 설명이 좀 필요합니다. 19세기 초 아일랜드의 '다비'라는 사람은 인간 역사를 7세대로 나누어서 설명하였습니다.

(1) 무흠 세대 (에덴동산)
(2) 양심 세대 (아담 → 노아)
(3) 인간 치리 세대 (노아 → 아브라함)
(4) 약속 세대 (아브라함 → 모세)
(5) 율법 세대 (모세 → 그리스도)
(6) 은혜 세대 (그리스도 → 재림)
(7) 천년왕국 세대 (재림 → 심판)

그래서 다비의 주장을 '세대주의'라고 부릅니다. 세대주의자들은 요한계시록이 인류의 역사를 연대순으로 기록해 놓은 책이기 때문에 요한계시록의 사건을 정리하면 종말의 때를 계산할 수 있다고 주장합니다. 이것은 터무니없는 생각입니다.

요한계시록에서는 절대로 종말의 날짜를 가르쳐 주지 않습니다. 예수님은 분명 도적같이 온다고 했고, 그날은 천사들도 모르고 예수님 자신조차 모르고 오직 하나님만 아신다고 했습니다(마 24:36). 만약 누가 종말의 날짜를 알고 있다고 말하면 무조건 이단이라고 생각해도 됩니다. 그런 사람은 자기가 예수님보다 높고, 하나님과 동격이라고 주장하는 셈입니다. 종말의 날짜를 예언한 사람들의 주장은 예외없이 빗나갔습니다.

오택현 교수는 지금까지 나타난 사이비 종말론자 중에서 자신의 세대로부터 100년 이후의 종말을 말한 사람이 거의 없었다는 점을 지적합니다. 모두 자기가 살고 있는 시대에 종말이 온다고 선전하여 사람들로 하여금 자기를 따르게 했습니다. 오택현 교수의 주장은 사이비 종말론자의 허구를 만천하에 폭로하는 시원한 결정타입니다.

같이 이야기해 봅시다(쑥덕공론)

여러분이 알고 있는 이단의 가르침과 주장이 앞의 4가지 원칙 중에서 어느 원칙에 어긋나는지 서로 이야기해 보십시오.

이제 요한계시록을

읽어 봅시다

1장

요한이 본 환상

성경을 읽고 답하기

1. 요한계시록은 누가 누구에게 보낸 편지인가? (1:4)

2. 하나님은 자신을 어떤 분이라고 소개하는가? (1:8)

3. 요한이 환상을 본 장소는 어디인가?
   요한이 그곳에 갇힌 이유는 무엇인가? (1:9)

4. 인자 같은 이의 모습은 어떠한가? (1:13-16)

5. 인자 같은 이는 자신을 어떤 분이라고 소개하는가? (1:17-18)

성경 내용 요약

1. 요한은 아시아에 있는 일곱 교회에 편지를 보낸다.

2. 편지의 내용은 요한이 밧모 섬에서 본 환상이다.

3. 요한은 '인자 같은 이'의 환상을 본다. 그분은 스스로 '처음과 마지막'이요 '죽었다가 영원히 살아 계신 분'이라고 소개한다.

성경 내용 해설

1. 요한계시록은 요한이 밧모 섬에서 본 환상을 아시아의 일곱 교회에 편지로 적어 보내는 형식으로 되어 있다. 요한이 밧모 섬에 갇힌 것은 황제 숭배를 강요하는 로마의 권력에 저항했기 때문이다.

2. 첫 장에서 요한계시록의 핵심 주제인 '교회'와 '예수 그리스도'가 나온다.

3. 아시아의 일곱 교회는 세상 권력에 의해 박해당하는 지구상의 모든 교회를 대표한다.

4. '인자 같은 이'는 예수님을 가리킨다. 예수님은 일곱 촛대(교회) 사이를 거닐며 손에 일곱 별(교회의 천사)을 쥐고 있다. 예수님은 박해당하는 교회를 지켜 주시는 분이다.

5. 예수님은 자신을 '살아 있는 자'라고 소개한다. 예전에는 죽었지만 이제는 영영히 살아 있다. 이것은 죽음의 위협에 직면한 교인들을 격려하는 내용이다. 세상 권세는 교인들을 죽일 수도 있지만 하나님께서는 그들을 다시 살려 내실 것이다.

2-3장

일곱 교회에 보내는 편지

성경을 읽고 답하기

1. 일곱 교회에 주는 칭찬과 책망의 내용이 무엇인가를 파악하라.

1) 에베소 교회에 주는 칭찬은 무엇인가? (2:2-3, 6)

에베소 교회에 주는 책망은 무엇인가? (2:4)

2) 서머나 교회에 주는 칭찬은 무엇인가? (2:9)

3) 버가모 교회에 주는 칭찬은 무엇인가? (2:13)

버가모 교회에 주는 책망은 무엇인가? (2:14-15)

4) 두아디라 교회에 주는 칭찬은 무엇인가? (2:19)

두아디라 교회에 주는 책망은 무엇인가? (2:20-21)

5) 사데 교회에 주는 책망은 무엇인가? (3:1)

사데 교회에 주는 칭찬은 무엇인가? (3:4)

6) 빌라델비아 교회에 주는 칭찬은 무엇인가? (3:8, 10)

7) 라오디게아 교회에 주는 책망은 무엇인가? (3:15-17)

2. 일곱 교회에 각기 점수를 매기고(100점 - 0점), 그렇게 점수를 매긴 이유를 말하라.

성경 내용 요약

1. 일곱 교회에 보내는 편지에는 예수님이 각 교회에 주는 칭찬의 말과 책망의 말이 적혀 있다. 그다음에는 회개와 권고의 말이 이어진다.

2. 칭찬만 받은 교회는 서머나 교회와 빌라델비아 교회이고, 책망만 받은 교회는 라오디게아 교회이다.

3. 예수님은 끝까지 싸워 이기는 이들에게는 마지막 날에 축복을 줄 것이라고 약속하신다.

성경 내용 해설

1. 아시아의 일곱 교회는 안팎으로 시달림을 당하고 있었다. 밖으로는 로마 권력의 박해를 당하고, 안으로는 거짓 세력들의 유혹을 받고 있었다.

2. 거짓 세력들을 가리키는 말은 여러 가지이다. '자칭 사도'(2:2), '자칭 유대인'(2:9)이라고도 하고, '발람의 교훈을 지키는 자들'(2:14), '니골

라 당'(2:6, 2:15), '자칭 선지자 이세벨'(2:20)이라고도 말하고 있다. 이들은 교회 안에 파고들어와서 그릇된 가르침을 퍼뜨리는 자들이다. 요즘으로 말하면 사이비, 이단 세력이다. 이들의 가르침을 '사탄의 깊은 것'(2:24)이라고 표현한다. 이렇게 음흉하고 속임수를 쓰기 때문에 그 정체를 알아차리기 쉽지 않다.

3. 교회를 위협하는 세력은 두 가지이다. 첫째는 세상의 악한 권세이고, 둘째는 교회에 침투하여 거짓된 가르침을 전하는 세력이다. 교회는 악한 권세와도 싸우고, 이단, 사이비와도 싸워야 궁극적으로 '이기는 자'(3:5)가 될 수 있다.

소아시아 일곱 교회와 밧모 섬

2016.8.7 하늘문이 열리고

4장

하늘 문이 열리고

성경을 읽고 답하기

1. 요한이 하늘에서 제일 먼저 본 것은 무엇인가? (4:2)

2. 보좌의 주위에는 누가 있는가? (4:4)

3. 보좌 주위에 또 무엇이 있는가? (4:6)

4. 이십사 장로들은 누구에게 경배하는가? (4:10)

성경 내용 요약

1. 하늘에는 보좌가 있고, 그 보좌에는 한 분이 앉아 계신다.

2. 그 보좌 주위에는 이십사 장로들이 각각의 보좌에 앉아 있다.

3. 그 주위에는 네 생물이 있다. 네 생물은 각각 사자, 송아지, 사람, 독수리의 형상을 하고 있다.

성경 내용 해설

1. '보좌 위에 앉으신 이'는 요한계시록에서 하나님을 가리키는 말이다. 보좌에 앉을 자격을 갖춘 분은 오직 하나님 한 분뿐이다. 그러나 땅에서는 짐승이 보좌를 차지하고 있다. 이것은 분명 하나님께 도전하는 것이다.

2. '이십사 장로'는 하나님을 섬기는 구약과 신약의 모든 성도들의 대표이다.

3. '네 생물'은 하나님을 보좌하는 천상의 존재들이며 또한 피조물의 대표이다.

4. 아직 예수님은 등장하지 않았다.

2016. 8. 5

5장

어린 양이 두루마리의 봉인을 떼다

성경을 읽고 답하기

1. 하나님의 오른손에는 무엇이 들려 있는가? (5:1)

2. 요한은 왜 크게 울었는가? (5:4)

3. 두루마리를 펼 수 있는 분은 누구인가? (5:5-6)

4. 모든 피조물이 누구와 누구에게 찬양을 드리는가? (5:13)

성경 내용 요약

1. 보좌에 앉으신 분의 오른손에 봉인된 두루마리가 들려 있다.

2. 두루마리의 봉인을 뗄 분이 없어서 요한이 크게 울었다.

3. '어린 양'이 등장하여 하나님의 오른손에서 두루마리를 받아 가진다. 어린 양은 일찍이 죽임을 당한 것같이 보인다(6절).

성경 내용 해설

1. '어린 양'은 예수님을 가리킨다. 하나님의 손에 들려 있는 두루마리는 종말의 모든 비밀이 담겨 있는 책이다. 이 책의 비밀을 풀 수 있는 분은 오직 예수님뿐이다. 요한계시록은 '예수님' 중심으로 읽고 해석해야 한다. 예수님 이외에 종말의 비밀을 풀어 낼 수 있는 이는 이 땅에 아무도 없다. 이단은 예수님 대신 교주를 슬쩍 끼워 넣거나 바꿔치기 한다.

2. 어린 양은 '일찍이 죽음을 당한 것 같다'(6절)고 한다. 이것은 예수님의 십자가 죽음을 가리킨다. 예수님은 우리를 위해 십자가에서 죽임을 당했기 때문에 우리의 구세주가 될 자격이 있고, 두루마리의 봉인을 뗄 수 있는 자격이 있는 것이다.

2016. 8. 6
네 마리의 말과 기사

6장

네 마리 말과 말 탄 자

성경을 읽고 답하기

1. 어린 양이 봉인을 뗄 때 등장하는 말의 색깔은 무엇인가? 또한 말 탄 기사가 갖고 있는 물건은 무엇인가?

1) 첫 번째 말의 색깔은 무엇이고, 기사가 갖고 있는 물건은 무엇인가? (6:2)

2) 두 번째 말의 색깔은 무엇이고, 기사가 갖고 있는 물건은 무엇인가? (6:4)

3) 세 번째 말의 색깔은 무엇이고, 기사가 갖고 있는 물건은 무엇인가? (6:5)

4) 네 번째 말의 색깔은 무엇인가? 그 말을 탄 기사의 이름은 무엇이며, 그 뒤를 따르는 것은 무엇인가? (6:8)

성경 내용 요약

1. 일곱 봉인 중 네 봉인을 뗄 때마다 말과 말 탄 이가 등장한다.

2. 첫째 말은 흰 말이고, 말 탄 자는 활을 가지고 면류관을 받았다.

둘째 말은 붉은 말이고, 말 탄 자는 큰 칼을 받았다.

셋째 말은 검은 말이고, 말 탄 자는 저울을 가졌다.

넷째 말은 청황색 말이고, 말 탄 자의 이름은 사망이고, 음부가 뒤를 따르고 있었다.

3. 다섯째 봉인을 뗄 때에 순교자들의 영혼이 제단 아래에서 피를 갚아 달라고 간구하는 모습이 보인다.

4. 여섯째 봉인을 뗄 때에 해와 달과 별이 흔들리고 어두워지며 땅에는 큰 지진이 일어난다.

성경 내용 해설

1. 네 말은 로마 제국이 벌인 전쟁의 실상을 보여준다.

흰 말과 활, 면류관은 전쟁에서 승승장구하는 모습이고,

붉은 말과 칼은 전쟁에서 무자비하게 살상하는 모습이고,

검은 말과 저울은 전쟁으로 인해 극심한 기근을 겪는 모습이고,

청황색 말은 전쟁의 결과가 사망이라는 것을 보여 준다.

2. 로마 제국은 '로마의 평화'라는 구호를 내걸고, 식민지 백성들을 지배하였다. 그러나 로마 제국의 평화는 전쟁과 무력으로 유지되는 가짜 평화임을 폭로한다.

3. 여섯 번째 봉인을 뗄 때 하늘과 땅이 흔들리는 것은 앞으로 있을 재앙의 예고편이다.

4. 사람들은 두려움에 빠져서 "진노의 날에 누가 능히 설 수 있을까?" 하고 질문을 던진다. 이 질문에 대한 답변은 7장에 나온다.

5. 잘못된 해석

흰 말을 탄 자를 19장 11절(백마와 그것을 탄 자)과 연관지어서 그리스도로 해석하는 사람도 있다. 이것은 잘못된 해석이다. 봉인을 떼고 있는 분이 그리스도인데 어떻게 봉인을 뗀 후 등장하는 기사가 그리스도일 수 있는가? 이것은 문맥상 어울리지 않는 해석이다. 표현은 비슷하지만 내용은 전혀 다르다. 유사품에 속지 않도록 주의해야 한다.

16. 8. 6

7장

하나님의 인을 맞은 14만 4천 명

성경을 읽고 답하기

1. 해 돋는 데서부터 올라온 천사는 무엇을 가지고 있는가? (7:2)

2. 하나님의 인을 받은 사람의 수는 얼마인가? (7:4)

3. 능히 셀 수 없는 큰 무리는 무슨 옷을 입고, 손에는 무엇을 들고 있는가? (7:9)

4. 흰옷 입은 무리는 어떤 일을 겪었으며, 무엇으로 옷을 희게 하였는가? (7:14)

성경 내용 요약

1. '14만 4천 명'이 하나님의 인을 받는다.

2. '14만 4천 명'은 이스라엘 12지파에서 1만 2천 명씩 선택받았다.

3. 세상 만국에서 '능히 셀 수 없는 무리들'이 등장하여 흰옷을 입고, 어린 양 앞에 나아간다. 이들은 큰 환난에서 나온 사람들이고, 어린 양의 피로 씻어 그 옷이 희게 되었다고 한다.

성경 내용 해설

1. 하나님의 인을 맞은 '14만 4천 명'은 진노의 날에 구원받는 무리들이다.

2. '14만 4천 명'은 실제적인 수가 아니라 상징적인 수이다.

12×12×1,000으로 구약의 12지파와 신약의 12사도, 그리고 1,000은 무한대를 가리킨다. 즉 구약 시대와 신약 시대에 구원받을 모든 성도들을 가리킨다. 이는 9절의 '아무도 능히 셀 수 없는 큰 무리'와 동일한 존재이다.

그러므로 이 '14만 4천 명'을 실제적인 숫자로 받아들여서 그 수가 채워지면 새로운 시대가 열린다는 식의 해석은 잘못이다.

3. 이스라엘 12지파 중에서 단 지파가 빠진 이유는 이들이 우상 숭배를 했기 때문이다. 구약의 사사기 18장에서 단 지파는 미가라는 사람의 우상을 빼앗아서 지파의 우상으로 삼은 일 때문에 우상 숭배의 원조가 되었다.

4. 구원받은 무리들은 두 가지의 조건을 갖추었다. 첫째는 큰 환난을 뚫고 나왔다고 한다. 이것은 무서운 박해를 이겨냈다는 것이다. 둘째는 어린 양의 피로 그 옷을 희게 씻었다고 한다. 이것은 예수님의 십자가 보혈로 그 죄를 다 씻어서 정결하게 되었다는 뜻이다.

박해의 극복과 예수 그리스도에 대한 믿음, 이 두 가지가 구원의 필수 조건이다. 이단은 이 두 가지를 제쳐놓고, 자기들에게만 구원이 있다고 주장한다. 어떤 경우라도 두 가지 조건이 갖추어지지 않으면 구원받은 무리에 들어갈 수 없다는 사실을 잊지 마라.

8장

나팔 재앙

성경을 읽고 답하기

1. 천사가 들고 있는 금향로에는 무엇과 무엇이 섞여 있는가? (8:3)

2. 천사가 나팔을 불 때 땅에는 어떤 재앙이 임하는가? (8:7-12)

성경 내용 요약

1. 봉인의 재앙에 이어서 나팔의 재앙이 시작된다.
2. 나팔을 불 때마다 피조물들이 피해를 입는다.
   첫째 나팔에 땅의 1/3, 수목의 1/3이 타버린다.
   둘째 나팔에 바다의 1/3, 배의 1/3이 해를 당한다.
   셋째 나팔에 강과 물의 1/3이 쓴 물로 변한다.
   넷째 나팔에 해와 달과 별의 1/3이 어두워진다.

성경 내용 해설

1. 땅과 하늘의 피조물들이 해를 당할 뿐 사람에게는 아직 재앙이 임하지 않았다. 또한 피조물도 1/3만이 피해를 입었다는 것은 재앙이 부분적으로 임했다는 것을 뜻한다. 하나님의 재앙은 초기 단계이고, 아직 구원의 기회가 남아 있다.

9장

황충(메뚜기)과 마병대의 재앙

성경을 읽고 답하기

1. 무저갱에서 무엇이 나오는가? (9:3)

2. 황충은 어떤 사람들을 괴롭히라는 명령을 받았는가? (9:4)

3. 마병대가 행하는 재앙은 무엇인가? (9:18)

성경 내용 요약

1. 다섯 번째 나팔을 불 때 하늘에서 떨어진 별이 무저갱을 열고 무저갱 속에서 황충(메뚜기)의 무리가 나온다. 황충들은 하나님의 인을 맞지 않은 사람만 골라서 다섯 달 동안 죽이지 않고 괴롭게만 한다.

2. 황충들의 왕은 그 이름이 히브리어로 아바돈이고, 헬라어로는 아볼루온이라고 한다.

3. 여섯 번째 나팔을 불 때 마병대가 등장한다. 마병대의 숫자는 2만만(2억)이고, 이들은 입에서 불을 뿜어 사람들의 1/3을 죽게 한다.

4. 마병대의 공격에서 살아남은 사람들은 자기들의 우상숭배와 악행을 여전히 회개하지 않는다.

성경 내용 해설

1. 황충의 재앙과 마병대의 재앙은 하나님의 인을 맞지 않은 사람들을 대상으로 한다.

2. 히브리어 아바돈은 '파괴'라는 뜻이고, 헬라어 아볼루온은 '파괴자'라는 뜻이다.

3. 황충의 재앙은 사람들을 죽이지는 않고 고통스럽게만 한다. 그러나 마병대의 재앙은 사람들의 1/3을 죽음으로 몰아넣는다. 이 두 재앙의 목적은 우상숭배자들을 회개하도록 하려는 것이다. 그러나 우상숭배자들은 그 무서운 재앙을 당하면서도 회개할 줄을 모른다.

10장

요한이 받아먹은 작은 두루마리

성경을 읽고 답하기

1. 천사의 손에는 무엇이 펼쳐져 있는가? (10:2)

2. 하늘의 음성은 요한에게 천사가 들고 있는 두루마리를 어떻게 하라고 하는가? (10:8-9)

3. 요한이 책을 먹었을 때 '입에는 꿀같이 (　　), 배에는 (　　　)'고 말한다.(10:10)

4. 천사가 요한에게 준 사명은 무엇인가? (10:11)

성경 내용 요약

1. 천사의 손에 작은 두루마리가 들려져 있다. 천사는 그 두루마리를 요한에게 주며 받아 먹으라고 한다. 그러면 배에는 쓰지만 입에는 달 것이라고 말한다.

2. 천사는 요한에게 모든 나라와 백성들에게 예언해야 한다고 말한다.

성경 내용 해설

1. 요한이 받은 작은 책은 종말의 때에 세상에 전할 내용이 담겨 있는 것이다. 왜 작은 책인가? 구원과 심판의 내용 중에서 주로 심판에 관한 내용이 적혀 있기 때문일 것이다. 혹은 일상적인 신앙생활에 관한 것이 아니라 박해 상황에 대한 말씀이기 때문일 수도 있다.

2. 입에는 달지만 배에는 쓰다는 것은 말씀이 은혜스럽기는 하지만 이를 전파하려면 핍박과 고통을 피할 수 없다는 것이다.

3. 박해의 시대에 하나님의 일꾼이 감당해야 할 사명은 하나님의 말씀을 증언하는 일이다. 성도는 소극적으로 인내하는 데 그치지 말고 적극적으로 예수님의 증인으로 나서야 한다. 박해를 받을수록 예수 그리스도를 증거하는 일에 더욱더 열심을 내야 한다.

11장

두 증인

성경을 읽고 답하기

1. 이방인이 성전을 짓밟는 기간은 몇 달 동안인가? (11:2)

2. 두 증인은 얼마 동안 예언을 하는가? 그리고 어떤 옷을 입고 예언을 하는가? (11:3)

3. 두 증인과 무저갱의 짐승이 벌인 싸움의 결과는 어떠한가? (11:7)

4. 죽임당한 두 증인은 후에 어떻게 되는가? (11:11-12)

성경 내용 요약

1. 천사는 요한에게 이방인들이 42달(2절), 혹은 1,260일(3절) 동안 하나님의 성전을 짓밟을 것이라고 가르쳐 준다.

2. 그 박해의 기간에 '두 증인'이 등장하여 굵은 베옷을 입고 예언을 할 것이다.

3. 두 증인이 예언을 마칠 즈음 무저갱에서 나온 짐승이 나와서 두 증인과 싸우고 두 증인은 짐승에게 죽임을 당한다.

4. 두 증인의 시체는 '큰 성'에 버려진 채 '사흘 반 동안' 매장되지 못하고, 땅에 사는 사람들은 두 증인의 죽음을 기뻐하고 즐거워한다.

5. 그러나 하나님이 두 증인의 시체에 생기를 불어넣어서 다시 살려내고, 큰 성은 큰 지진으로 1/10이 파괴된다.

성경 내용 해설

1. 두 증인은 교회이다. 두 증인의 개념은 구약 스가랴서의 두 감람나무(슥 4:3)에서 따온 개념으로 모세와 엘리야를 연상시키기도 한다.

2. 두 증인은 박해 시대 교회의 역할을 보여 준다. 교회는 박해의 시대에 예수 그리스도를 증거하는 증인이 되어야 한다.

3. 두 증인의 이야기는 기독교의 역사를 증언의 측면에서 전체적으로 조명한 것이다. 교회는 그리스도를 증거하다가 박해자들에게 죽임을 당하지만 하나님께서 교회를 다시 살려내신다.

2016. 8. 6 에인라 용의 싸

여인과 용의 싸움

성경을 읽고 답하기

1. 여자의 모습은 어떠한가? 여자는 왜 고통스러워하는가? (12:1-2)

2. 용의 모습은 어떠한가? 용은 무슨 일을 꾸미고 있는가? (12:3-4)

3. 여자는 어디로 도망하며 그곳에서 얼마 동안 지내게 되는가? (12:6, 14)

4. 하늘에서 일어난 전쟁에서 누구와 누가 싸우는가? (12:7)

5. 하늘에서 벌어진 전쟁의 결과는 어떠한가? (12:7-9)

6. 전쟁에서 패한 용은 어디로 달아났으며, 또 누구를 핍박하는가? (12:12-13)

성경 내용 요약

1. 하늘에 한 여인이 등장한다. 그 여인은 해와 달과 별들로 장식했고, 곧 아이를 해산하려고 한다.

2. 또한 하늘에 크고 붉은 용이 등장하여 해산하려는 아이를 삼키려고 한다. 그 용은 일곱 머리와 열 뿔이 있다.

3. 여인은 광야로 도망하여 '1,260일'(혹은 '한 때와 두 때와 반 때') 동안 지낸다.

4. 하늘에서 미가엘과 큰 용 사이에 전쟁이 일어났다. 용은 전쟁에서 패하여 땅으로 쫓겨났다.

5. 용은 여인이 낳은 아이를 삼키려다 실패하자 이제 여인의 남은 자손과 싸우려고 바다 모래 위에 서 있다.

성경 내용 해설

1. 여인은 교회를 상징하고, 붉은 용은 사탄을 가리킨다. 요한계시록은 용을 옛 뱀, 마귀, 사탄, 온 천하를 꾀는 자 등으로 표현한다(9절). 교회는 메시아를 낳으려고 하고, 사탄은 그 메시아를 죽이려 한다.

2. 용에게 있는 '일곱 머리와 열 뿔'은 극단적인 오만과 권세를 뜻한다. 머리는 높은 것을 가리키고 뿔은 힘과 권세를 가리킨다. 보통은 머리가 하나이고, 뿔이 하나나 둘인데 용에게 일곱 머리와 열 뿔이 있다는 것은 사탄이 높아지고 힘을 과시하려는 욕구가 보통보다 몇 곱절이나 강하다는 것을 의미한다. 사탄이 감히 하나님의 권위에 도전하려고 한 것도 이 때문이다. 용의 하수인인 짐승 역시 '일곱 머리와 열 뿔'이 있다(13:1).

3. 그러나 하나님께서는 교회를 사탄으로부터 보호해 주신다. 그 기간은 '1,260일'(6절), 혹은 '한 때와 두 때와 반 때'(14절)로 이는 '3년 반'을 풀어 쓴 것이다. '3년 반'은 교회가 박해받는 기간이면서 동시에 하나님의 보호를 경험하는 기간이기도 하다.

4. 땅에서 생긴 박해는 하늘에서 생긴 전쟁에서 비롯된 것임을 밝혀 준다.

13장

바다에서 나온 짐승과 땅에서 올라온 짐승

성경을 읽고 답하기

1. 첫째 짐승은 어디에서 나왔으며, 그 모습은 어떠한가? (13:1)

2. 용은 짐승에게 무엇을 주었나? (13:2)

3. 첫째 짐승의 머리에 무슨 일이 있었나? (13:3)

4. 첫째 짐승에게 경배하는 사람들은 누구인가? (13:8)

5. 둘째 짐승은 어디에서 나왔으며, 그 모습과 행동은 어떠한가? (13:11)

6. 둘째 짐승은 사람들에게 누구에게 경배하라고 하며(13:12), 무엇을 만들라고 하나? (13:14)

7. 둘째 짐승은 사람들의 오른손과 이마에 무엇을 받으라고 강요하나? (13:16-17)

8. 그 짐승의 수는 무엇인가? (13:18)

성경 내용 요약

1. '바다에서 나온 짐승'이 등장한다. 이 짐승도 용처럼 일곱 머리와 열 뿔을 가지고 있다. 용은 그 짐승에게 자기의 권세를 준다.

바다에서 나온 짐승은 머리에 치명상을 입지만 낫게 되고 이를 본

온 땅의 사람들이 놀라서 용과 짐승을 경배하게 된다.

2. 짐승은 하나님을 비방하며 성도들과 싸워 이긴다. 짐승이 활동하는 기간은 42달이다(5절).

3. 이어서 '땅에서 올라온 짐승'이 등장한다. 땅의 짐승은 이적 등을 베풀어서 사람들을 미혹하고 '바다에서 나온 짐승'의 우상을 만들어서 경배하게 한다.

4. '땅에서 올라온 짐승'은 모든 사람들에게 오른손과 이마에 '짐승의 표'를 받게 하고, 표를 받지 못한 사람은 매매를 못하게 한다.

5. '짐승의 표'는 사람의 수를 가리키는데 그 수는 '666'이다.

성경 내용 해설

1. 용(사탄)은 하늘의 전쟁에서 패한 후에 땅에 내려와서 자신의 대리자를 내세워 하나님을 대적하고 성도들과 영적인 전쟁을 치르게 한다.

2. 용의 대리자는 '바다에서 나온 짐승'이다. 이는 하나님께 대적하고 성도들을 핍박하는 '악한 권세자'를 뜻한다. 요한계시록이 씌어질 당시에는 '로마 황제'이고, 역사적으로는 독일의 '히틀러', 일제 강점기의 '일왕', 기독교인을 탄압하는 수많은 독재자들이 이에 해당된다. 사람들이 오른손과 이마에 짐승의 표를 받는다는 것은 신앙을 포기하고 악한 권세자에게 굴복하는 것을 의미한다.

3. '땅에서 나온 짐승'은 악한 권세자에게 복종할 것을 강요하는

'거짓 예언자'이다. 이는 악한 세속 권력에 아부하는 어용 종교인을 비롯한 어용 세력이다. '용과 짐승과 거짓 선지자'(16:13), 이 셋은 사탄의 삼위일체를 형성한다.

4. 두 짐승은 예수님을 흉내 내서 사람들을 미혹한다. 바다에서 나온 짐승은 머리에 치명상을 입지만 낫게 된다(3절). 이는 예수님이 십자가에서 죽었다가 다시 살아난 것을 흉내 내는 것이다.

그러나 분명한 차이가 있다. 예수님은 확실히 죽었지만 짐승은 죽지 않았다. 죽은 것처럼 꾸미고 거짓 선전을 하는 것이다.

5. 땅에서 올라온 짐승은 '어린 양'같이 생겼다(11절). 예수님을 뜻하는 어린 양과 똑같은 낱말을 쓰고 있다. 헬라어로도 똑같이 '아르니온'이다. 사탄의 하수인이 예수님처럼 어린 양 행세를 하고 있는 셈이다. 겉모양으로는 구별하기 어렵다. 그렇기 때문에 분별의 지혜가 필요하다.

6. 그 유명한 666이 등장한다.

1) 666에 대해서는 잘못된 해석이 너무나 많아서 성도들이 혼란을 느낀다. 예를 들면, 대형 컴퓨터나 상품 코드라는 주장이 있다(상품 코드라는 주장은 17절에서 표가 없으면 매매를 못 한다는 말에서 암시를 받았는지 모르겠다). 최근에는 베리칩(몸 속에 넣는 정보 인식 장치)을 666이라고 주장하는 사람들도 있다. 이런 것은 신앙과는 아무런 상관이 없는 것이다. 컴퓨터나 상품 코드를 사용한다고 구원에서 탈락하는 것이 아니고, 베리칩을 받는다고 지옥에 떨어지는 것도 아니다.

2) 666을 해석하는 몇 가지 원칙을 제시해 보자. 요한계시록에서

666은 '사람의 수'(18절)라고 분명히 명시하고 있다. 어떤 사물이나 물체를 가리키는 게 아니다.

3) 또한 666은 '짐승의 이름'(17절)이라고 했다. 요한계시록 13장에서 '짐승'은 사탄의 하수인으로 하나님을 모독하고, 성도들을 핍박하는 권세자를 가리킨다. 그러니까 '하나님을 대적하고 교회를 핍박하는 악한 권세자'는 모두 666에 해당한다.

4) 네로 황제를 뜻하는 히브리어 '네론 카이사르'를 숫자로 바꾸면 666이 된다. 네로 황제는 기독교를 핍박한 최초의 황제로서 이후 기독교 박해의 대표적인 인물로 거론된다. 이런 해석도 타당성이 있다.

5) 성경에서 7은 완전한 수, 거룩한 수, 하나님의 수이다. 이에 반해 6은 불완전 수, 사탄의 수이다. 6이 세 번 겹친 666은 불완전의 극치로 사탄의 삼위일체인 셈이다. 이렇게 666은 상징적인 숫자이고, 실제 666과는 아무 상관이 없다.

7. 요한계시록은 로마 제국의 배후 세력이 사탄임을 폭로하고 있다. 사탄은 세상의 권세자를 이용해서 선한 기독교인들을 박해하고 있다. 따라서 악한 권세자와 싸우는 것은 사탄과 영적인 전쟁을 벌이는 것이다.

8. 사탄은 하늘의 전쟁에서 미가엘 천사에게 패배하고 땅으로 쫓겨난 세력이다. 그러니까 패잔병의 무리들이 최후의 발악을 하는 셈이다. 교회를 박해하는 로마 제국이나 악한 권세자가 제아무리 강하게 보여도 실은 패잔병에 불과한 것을 알면 조금도 겁낼 것이 없다.

14장

시온 산에 서 있는 14만 4천 명

성경을 읽고 답하기

1. 시온 산에 있는 14만 4천 명의 이마에는 무엇이 적혀 있나? (14:1)

2. 14만 4천 명은 어떤 사람들인가? (14:4-5)

3. 짐승에게 경배하고 짐승의 표를 받은 사람들은 어떤 징벌을 당하게 되는가? (14:9-11)

4. 인자 같은 이가 추수하는 것은 무엇인가? (14:15-16)

다른 천사가 추수하는 것은 무엇인가? (14:17-18)

성경 내용 요약

1. 어린 양이 시온 산에 서 있고, 그 옆에는 '14만 4천 명'이 함께 서 있다. 이들은 '새 노래'를 부르고 있다.

2. 천사가 '큰 성 바벨론이 무너졌다'는 말을 선포한다.

3. 두 가지의 수확이 있다. 첫째는 인자 같은 이가 곡식을 거두는 것이고, 둘째는 천사가 포도를 거두는 것이다.

4. 포도주 틀에서 흘러나오는 피는 1,600스다디온에 퍼졌다.

성경 내용 해설

1. '14만 4천 명'이 또 등장한다. 7장에 나오는 '14만 4천 명'과 다른 무리인가? 아니다. 동일한 무리이다. 다만 7장에서는 '14만 4천 명'이 구원받은 모습을 보여주고, 14장에서는 '14만 4천 명'이 찬양하는 모습을 보여 주는 차이가 있을 뿐이다.

2. '큰 성 바벨론'은 로마 제국을 상징하는 말이다. 바벨론 제국은 주전 587년 남왕국 유다를 멸망시킨 나라이다. 요한계시록은 교회를 박해하는 로마 제국을 바벨론 제국이라고 말하고 있다. 이렇게 말해도 알아들을 사람은 다 알아듣기 때문이다. 요한계시록에서 로마 제국은 '큰 성 바벨론', '음녀'(17장) 등으로 상징하고 있다.

3. 두 가지 수확 중 곡식 수확은 성도들의 구원을 뜻하고, 포도 수확은 악인들의 심판을 뜻한다. 재미있는 것은 곡식을 거두는 일은 인자 같은 이(예수님)가 직접 담당하신다는 것이다. 성도들을 아껴 주는 마음을 엿볼 수 있다.

4. 피가 1,600스다디온에 퍼졌다고 하는데 '1,600'은 4×4와 10×10을 곱한 수이다. 4는 사방천지라는 말에서 알 수 있듯이 땅 전체를 가리키고, 10은 완전을 가리킨다.

15장

어린 양의 노래를 부르다

성경을 읽고 답하기

1. 환난을 이긴 자들은 어떤 노래를 부르는가? (15:3)

2. 하늘에서 무엇이 열리는가? (15:5)

성경 내용 요약

1. 구원받은 무리들이 모세의 노래, 어린 양의 노래를 부른다.

2. 하나님의 성전이 열리며 성전에서 일곱 대접의 재앙을 가진 천사들이 나온다.

성경 내용 해설

1. 일곱 봉인, 일곱 나팔, 일곱 대접으로 이어지는 재앙 시리즈 중에서 일곱 나팔에서 일곱 대접으로 넘어가는 과정을 보여 준다. 일종의 '막간'인 셈이다.

16장

일곱 대접의 재앙

성경을 읽고 답하기

1. 첫째 대접의 재앙이 어떤 사람들에게 쏟아지는가? (16:2)

2. 다섯째 대접의 재앙은 어디에 쏟아지는가? (16:10)

3. 귀신의 영들은 세상의 왕들을 어디로 모으는가? (16:14, 16)

성경 내용 요약

1. 일곱 대접의 재앙이 계속 진행된다. 우상숭배자에게 종기가 나고, 바다와 강물이 피로 변하고, 짐승의 나라가 어두워진다. 그 나라의 사람들은 회개하지 않고 하나님을 더욱더 비방한다.

2. 용과 짐승과 거짓 선지자의 입에서 나온 더러운 세 영이 온 천하 왕들을 꾀어서 아마겟돈에서 전쟁을 준비한다.

3. 하나님은 지진과 우박의 재앙으로 만국의 도시들을 파멸시킨다.

성경 내용 해설

1. 아마겟돈은 '므깃도의 산'이라는 뜻이다. '므깃도'는 이스라엘 땅에서 전쟁이 자주 일어났던 곳으로 요한계시록에서는 사탄의 세력과 하나님의 세력이 최후 결전을 벌이는 곳으로 등장한다.

2016.8.5

17장

큰 음녀의 패망

성경을 읽고 답하기

1. 하나님의 심판을 받을 대상은 누구인가? (17:1)

2. 음녀는 무엇을 타고 있는가? 또한 짐승의 몸에는 무엇이 가득한가? (17:3)

3. 음녀의 이마에 적혀 있는 이름 세 가지는 무엇인가? (17:5)

4. 천사는 짐승이 어떤 존재라고 설명해 주는가? (17:8)

5. 전에 있었다가 지금 없어진 짐승은 몇 번째 왕이고, 어디에 속한 자인가? (17:11)

6. 열 뿔과 짐승은 음녀에게 어떻게 대항하는가? (17:16)

성경 내용 요약

1. 천사는 큰 음녀가 받을 심판을 보여 준다. 음녀는 땅의 모든 사람들을 음행에 빠지게 한 장본인이다.

2. 음녀는 붉은 빛의 짐승을 타고 있고, 자기 몸을 화려한 옷과 보석으로 장식했고, 성도들의 피에 취해 있었다. 그의 이마에는 큰 바벨론, 모든 음녀들의 어미라는 이름이 적혀 있었다.

3. 음녀가 탄 짐승은 '일곱 머리와 열 뿔'이 있다. 이에 대한 천사의 해석은 이러하다. 일곱 머리는 여자가 앉은 일곱 산 혹은 일곱 왕이고, 열 뿔은 열 왕을 뜻한다.

4. 짐승은 전에 있었다가 지금은 없으나 장차 무저갱에서 나와 멸망으로 들어갈 자이다.

5. 일곱 왕 중에서 다섯 왕은 망했고, 한 왕은 지금 있고, 나머지 한 왕은 아직 이르지 않았지만 이르면 잠시 동안 머물 것이다.

6. 전에 있었다가 지금 없어진 짐승은 여덟 번째 왕으로 그는 일곱 왕에 속하였고 장차 멸망으로 들어갈 것이다.

7. 음녀를 태운 짐승과 열 뿔은 나중에 음녀에게 등을 돌리고, 결국에는 음녀를 파멸로 몰아넣는다.

성경 내용 해설

1. 음녀는 바벨론과 마찬가지로 로마 제국을 상징하는 말이다. 바벨론이 로마 제국을 군사력과 정치력의 측면에서 묘사한 것이라면 음녀는 로마 제국의 종교적인 측면을 묘사한 것이다. 로마 제국은 국가 종교와 황제 숭배를 통해서 만국을 우상 숭배라는 음행에 빠지게 하였다.

2. 앞에서 용의 '일곱 머리와 열 뿔'은 교만과 힘을 가리킨다고 했다. 짐승의 '일곱 머리와 열 뿔'은 그 의미에 덧붙여서 악한 권세자가 지배하고 있는 여러 왕들을 가리킨다. 수많은 왕을 거느린 권세자는 자기가 마치 하나님이나 된 것처럼 오만불손한 자세를 보인다.

3. 또한 일곱 왕은 사탄이 날뛰는 역사를 압축한 개념이기도 하다. 다섯 왕이 망하였다는 것은 예수님의 능력으로 사탄의 주력부대가 파괴되었다는 것을 뜻하고, 한 왕이 있다는 것은 미미한 세력이 남아 있다는 것이고, 나머지 한 왕이 장차 나타나서 잠시 머문다는 것은 앞으로 사탄의 남은 세력이 반격을 꾀할 것이지만 잠깐 동안에 다 멸망하고 만다는 것을 뜻한다.

4. '여덟 번째 왕'은 누구일까? 여덟 번째 왕이면서 일곱 왕이 속해 있다는 말은 언뜻 모순되는 것처럼 들린다. 여덟 번째 왕이 일곱 왕에 속하였다는 말은 일곱 왕들과 마찬가지로 교회를 박해하는 세력이라는 뜻이고, 여덟 번째 왕이라는 말은 그들과 구별되는 특별한 세력이라는 것이다. 박해세력인 것은 분명하지만 이전의 왕들보다 훨씬

더 악하고 잔인한 박해세력임을 말해 준다.

5. '여덟 번째 왕'은 네로 황제의 부활 전설과도 연관이 있다. 당시 로마 사회에는 자살한 네로가 실제로는 죽은 것이 아니라 살아 있는데 이 네로가 로마를 공격해 올 것이라는 전설이 퍼져 있었다. 따라서 여덟 번째 왕이 일곱 왕에 속해 있다는 것은 죽은 네로를 가리키는 것이고, 그러면서 여덟 번째 왕이라는 말은 다시 살아난 네로를 가리키는 것이다. 다시 살아난 네로는 도미티안 황제를 말한다. 도미티안 황제는 기독교를 무자비하게 박해하였다.

6. 음녀의 멸망은 음녀가 탄 짐승의 반란에서 비롯된다. 악의 세력은 분열하게 되고 분열된 세력은 자중지란으로 멸망을 자초하게 된다.

2016. 8. 7. 바벨론의 패망

18장

바벨론의 패망

▶ 성경을 읽고 답하기

1. 무슨 성이 무너졌다고 하는가? 그 성은 무엇이 모이는 곳인가? (18:2)

2. 그 성이 저지른 죄악은 무엇인가? (18:3)

3. 하나님은 그 성의 죄악을 어떻게 갚으시나? (18:6-8)

4. 상인들이 바벨론과 거래하던 상품의 종류는 무엇인가? (18:12-13)

5. 바벨론 성의 패망을 보고 통곡하는 사람들은 누구인가? (18:9, 15, 17)

6. 바벨론 성 안에서는 무엇이 발견되었나? (18:24)

성경 내용 요약

1. 큰 성 바벨론이 무너지고 만다. 바벨론은 귀신들과 각종 더러운 영이 모이는 장소였으며 또한 땅의 왕들에게 음행과 사치를 부추기던 성이다. 바벨론은 그 죗값으로 멸망을 맞이하게 된다.

2. 바벨론의 패망은 순식간에 임하게 된다. 즉 '하루 동안'(18:8)에, '한 시간'(18:10, 17, 19)에 무너져내린다.

3. 바벨론과 더불어 음행과 사치를 일삼던 왕들과 상인들과 선원들은 바벨론의 갑작스런 패망을 지켜보며 애통해한다.

성경 내용 해설

1. 음녀의 멸망에 이어서 바벨론의 멸망을 보여 준다. 이 두 사건은 따로따로가 아니라 똑같은 사건을 각기 다른 측면에서 보여 주는 것이다. 음녀의 멸망이 로마 제국의 종교적인 측면을 부각시키고 있다면, 바벨론의 멸망은 로마 제국의 경제적인 측면을 주로 부각시키고 있다.

2. 요한계시록은 바벨론을 '큰 성'이라고 부른다. 그 성은 온갖 귀신과 더러운 것들이 거하는 장소이다. 큰 성이긴 하지만 거룩함과는 거리가 먼 불결하고 더러운 성이다. 로마 제국은 지중해 전역을 장악하는 대제국을 이루었지만 영적으로는 타락하고 저급한 상태에 머물러 있었다.

3. 로마 제국은 광대한 영토를 바탕으로 한 막강한 부와 경제력을 자랑했다. 그러나 그러한 부와 사치는 한 순간에 무너져내리고 만다. 큰 성은 무너지지만 거룩한 성은 무너지지 않는다. 거룩한 성은 무엇인가?

2016. 8. 5
백마를 탄 자

19장

백마를 타신 분

성경을 읽고 답하기

1. 하늘의 찬송은 무슨 말로 시작되는가? (19:1)

2. 누구의 혼인 잔치가 다가왔다고 하는가? (19:7)

3. 천사가 요한의 경배를 말린 까닭은 무엇인가? (19:10)

4. 백마를 탄 분의 이름 세 가지는 무엇인가? (19:11, 13, 16)

5. 백마를 탄 분에게 사로잡혀서 불못에 던져지는 이들은 누구인가? (19:20)

성경 내용 요약

1. 하늘에서는 '할렐루야'로 시작되는 찬송 소리가 울려퍼진다. 이는 어린 양의 혼인 잔치에 참석하는 사람들을 축하하는 찬송 소리다.

2. 하늘에서 백마를 타신 분이 나타난다. 그분은 피 뿌린 옷을 입었고, 그의 이름은 '하나님의 말씀'이라고도 하고, '만왕의 왕, 만주의 주'라고도 한다.

3. 백마 탄 분이 이끄는 하늘의 군대는 짐승의 군대와 싸워 승리를 거두고, 짐승과 거짓 선지자는 잡혀서 불못에 던져진다.

성경 내용 해설

1. 백마를 탄 분은 예수님이다. 예수님이 이끄는 하늘의 군대는 사탄의 하수인인 짐승의 군대와 최후의 결전을 벌인다. 예수님의 무기는 하나님의 말씀이다. 예수님의 입에서 나오는 예리한 검으로 만국을 친다고 했다. 이 검이 바로 하나님의 말씀이다.

2. 결국 하늘의 군대가 승리하고 사로잡힌 짐승과 거짓 선지자는 불못에 던져지는 신세가 된다. 이 땅에서 세상 권력을 하수인으로 삼아 교회와 대결을 벌이려고 했던 사탄의 음모가 물거품이 되고 만다.

2016. 8. 7 흰보좌의 심판

20장

천년왕국

성경을 읽고 답하기

1. 천사가 사탄을 잡아서 어디에, 몇 년 동안 가두는가? (20:2-3)

2. 그리스도와 함께 천 년 동안 왕노릇하는 이들은 누구인가? (20:4)

3. 천 년이 지난 후 무저갱에서 나온 사탄은 무슨 일을 꾸미는가? (20:7-8)

4. 흰 보좌 앞에는 무슨 책이 펼쳐져 있나?

또한 죽은 이들은 무엇에 따라 심판을 받는가? (20:12)

성경 내용 요약

1. 천사가 용을 잡아서 무저갱 속에 집어 넣고, 천 년 동안 가두어 놓는다. 용은 천 년이 지난 후에 잠깐 동안 풀려나게 된다.

2. 예수님을 증거하다 순교한 이들은 살아나서 하늘의 보좌에 앉아서 그리스도와 함께 천 년 동안 다스리게 된다. 이것이 첫째 부활이다.

3. 천 년이 지난 후 사탄이 무저갱에서 풀려난다. 사탄은 곡과 마곡을 미혹하여 성도들과 싸움을 벌이지만 하늘에서 불이 내려와 사탄의 군대를 태워 버린다. 사탄은 불못에 던져진다.

4. 흰 보좌에 앉은 분이 죽은 자들을 심판한다. 보좌 앞에는 여러 책들이 있고, 또한 생명책이 있다. 모든 사람들은 자기 행위에 따라 심판을 받는다. 이것이 둘째 사망이다.

성경 내용 해설

1. 천년왕국은 성경에서 이곳에만 짤막하게 언급되는데 요한계시록 전체에서 가장 해석하기 어려운 대목이다. 그만큼 학설도 구구하

여 전(前)천년설, 후(後)천년설, 무(無)천년설 등의 주장이 있다.

2. 무저갱은 사탄을 가두는 임시 감옥이다. 사탄이 무저갱에 갇혀 있는 천 년은 문자적으로 해석하면 안 된다. 천 년은 예수님이 통치하는 기간을 가리킨다. 예수님이 이 땅에 오셔서 사탄의 세력을 무력화시켰다. 이것을 사탄이 무저갱에 갇혀 있는 것으로 상징화했다.

3. 마지막 때 사탄이 무저갱에서 잠시 풀려나서 성도들과 결전을 벌이는 것은 종말의 때에 무서운 박해가 임하는 까닭을 설명해 준다.

4. 그 천 년 동안 순교자들은 일반 성도들보다 앞서 부활하여서 예수님과 함께 다스리는 권세를 갖는다. 이것은 순교자에게 특별한 보상이 주어지는 것을 의미한다.

5. 사탄의 세력이 완전히 무너진 후에 모든 사람에 대한 하나님의 심판이 시작된다. 하나님은 흰 보좌에 앉아 계신다. 흰 보좌는 하나님께서 공의와 진실로 심판하는 것을 암시한다. 흰 보좌 앞에는 두 종류의 책이 있다. 첫 번째 책들은 각 사람의 신앙과 행위가 기록된 책으로 '행위록'이라고 할 수 있다. 두 번째 책은 '생명책'이다. 여기에는 구원받을 사람들의 이름이 기록되어 있다.

6. 생명책에 기록되지 못한 사람들은 불못에 던져진다. 불못에는 이미 사탄의 하수인 노릇을 하던 짐승과 거짓 선지자가 있고, 사탄 역시 그곳에 던져진다. 심판이 끝난 후에는 사망과 음부도 불못에 던져진다. 다시는 이 땅에 사망이 없을 것이라는 뜻이다.

2016. 8. 5 새예루살렘

21장

새 하늘과 새 땅

성경을 읽고 답하기

1. 하나님은 백성들을 어떻게 위로해 주시는가? (21:3-4)

2. 불못에 던져지는 사람들은 누구인가? (21:8)

3. 어린 양의 신부의 정체는 무엇인가? (21:9-10)

4. 새 예루살렘 성의 열두 문에는 어떤 이름이 적혀 있는가? (21:12)

또한 성벽의 기초석에는 어떤 이름이 적혀 있는가? (21:14)

5. 새 예루살렘 성의 길이와 성곽의 높이는 각각 얼마인가? (21:16-17)

6. 새 예루살렘 성에는 어떤 사람이 들어가고, 어떤 사람이 들어가지 못하는가? (21:27)

성경 내용 요약

1. 처음 하늘과 처음 땅이 없어지고 새 하늘과 새 땅이 펼쳐진다. 또한 새 예루살렘 성이 신부처럼 단장하고 하늘에서 내려온다. 보좌에 앉으신 분이 "내가 만물을 새롭게 한다"고 선포하신다.

2. 새 예루살렘 성을 자세히 묘사해 준다. 새 예루살렘 성은 어린 양의 아내이다. 그 성에는 12개의 성문이 있고, 성문에는 이스라엘 12지파의 이름이 씌어 있다. 성벽에는 12개의 기초석이 놓여 있는데 거기에는 열두 사도의 이름이 씌어 있다.

3. 12개의 성문은 12개의 진주로 되어 있고, 성벽의 기초석은 12가지의 보석으로 되어 있다.

4. 새 예루살렘 성은 네모반듯하게 생겼다. 그 성의 너비는 1만 2

천 스다디온이고, 성벽의 크기는 144페기스이다.

5. 이 성에 들어갈 수 있는 사람은 어린 양의 생명책에 기록된 사람이다. 속된 것이나 가증한 일을 행하는 자, 거짓말쟁이는 이 성에 들어가지 못한다.

성경 내용 해설

1. 하나님께서 새 하늘과 새 땅을 선포하시는데 그 핵심은 새 예루살렘 성이다.

2. 새 예루살렘 성은 12라는 숫자로 구성되어 있다. 12개의 성문과 12천사, 12지파의 이름이 있고, 12개의 성벽 기초석과 12사도의 이름이 있다. 성읍의 너비는 1만 2천(12×1,000) 스다디온이며, 성벽의 높이는 144(12×12) 페기스이다. 12는 구원받은 성도들을 상징하는 숫자이다.

3. 이 성의 성문에는 이스라엘 12지파의 이름이 적혀 있고, 성벽의 기초석에는 12사도의 이름이 적혀 있다. 이는 구약과 신약의 구원받는 무리들을 가리킨다.

4. 새 예루살렘 성이 네모반듯한 것은 하나님의 진실과 공의를 나타내고, 성이 진주와 보석으로 장식되어 있다는 것은 가장 소중하고 귀한 것으로 이루어졌다는 것을 의미한다.

5. 성의 너비가 '1만 2천 스다디온'이라고 하는데 원어에는 '12×1,000 스다디온'으로 나와 있다. 12는 3(하늘의 완전수)×4(땅의 완전수)이

다. 성벽의 크기는 '144페기스'인데 이것도 12×12로 역시 완전수를 의미한다. 여기에서 스다디온(170-190미터)이나 페기스(약 45센티미터)라는 단위에 집착할 필요가 없다. 그보다는 숫자가 상징하는 의미가 더 중요하다.

6. 성전에 들어올 자와 들어오지 못할 자를 구분한다. 생명책에 기록된 자만 성전에 들어갈 수 있다. 속된 것도 성전에 들어오지 못하고, 가증한 일을 행하는 자, 거짓말하는 자도 들어오지 못한다.

22장

주 예수여 오소서

성경을 읽고 답하기

1. 예루살렘 성의 한가운데에는 무슨 강이 흐르는가? (22:1)

2. 생명나무의 열매는 얼마나 자주 열리며, 그 잎사귀는 어디에 쓰이는가? (22:2)

3. 성 밖으로 쫓겨난 사람들은 누구인가? (22:15)

4. 예수님은 자신을 무엇이라고 말씀하는가? (22:13)

5. 예수님이 친히 약속한 내용은 무엇인가? (22:7, 12)

6. 요한이 독자에게 주는 마지막 경고는 무엇인가? (22:18-19)

성경 내용 요약

1. 하나님과 어린 양의 보좌에서 생명수의 강이 흐른다. 강 좌우에는 12가지 과일을 12달 동안 맺는 생명나무가 있고, 그 잎사귀는 만병을 고치는 약이 된다.

2. 예수님께서 친히 등장하여 "내가 속히 가리라"고 재림의 약속을 들려 주신다. 요한은 "아멘, 주 예수여 오시옵소서"라는 간구로 끝을 맺는다.

성경 내용 해설

1. 생명수의 강은 영생에 대한 상징이다. 생명나무는 12가지 과일을 달마다 맺는다. 그러면 열매가 풍성하여 굶주리는 사람이 없게 된다. 생명나무의 잎사귀는 만국을 치료하는 약이 된다고 한다. 그러면 이 땅에 아픈 사람이 없게 된다.

2. 예수님이 친히 나타나셔서 "속히 가리라"는 약속을 세 번이나 (22:7, 12, 20) 반복하신다. 예수님이 재림하실 때 요한계시록에 약속된 모든 일들이 이루어지게 된다.

3. 요한은 예수님의 재림 약속을 듣고 "아멘 주 예수여 오시옵소서"(22:20)라는 간구로 화답한다. 초대 교인들은 '마라나타'(고전 16:22)라는 말로 인사를 했다. 이는 "주여 오시옵소서"라는 뜻의 아람어로, 예수님의 재림을 기다리는 소망을 담고 있는 말이다.

예수님의 재림을 간절히 사모하는 것이 종말의 시대, 박해의 시대를 살아가는 모든 그리스도인의 올바른 자세이다.

2부

오종윤 목사의

요한계시록 특강

요한계시록에 대한 오해 - 이단 책?

여러분은 요한계시록이라고 하면 제일 먼저 무슨 생각이 떠오릅니까? 666이나 14만 4천 명, 7년 대환란 같은 말이 떠오르겠지요. 그리고 이단, 사이비 단체가 떠오르겠지요.

선배 목사님이 제게 이런 질문을 하였습니다.

"오 목사님, 어떤 분이 요한계시록을 강해한다는데 그분 좀 이상한 것 아닙니까?"

그 당시 저는 요한계시록 주석을 막 끝낸 참이어서 그 질문을 받고 몹시 당황하였습니다. 이것이 요한계시록이 처해 있는 현주소입니다. 요한계시록 강해를 하는 것 자체를 이상한 눈으로 볼 정도로 요한계시록은 오해와 편견으로 겹겹이 싸여 있습니다.

많은 사람들이 요한계시록 하면 제일 먼저 이단, 사이비를 떠올립니다. 이단, 사이비 단체에서는 약방의 감초처럼 다니엘서와 요한계시록을 인용하면서 교리를 주장하기 때문에 흔히 요한계시록이 이단, 사이비의 가르침을 담고 있는 책으로 오해하기 쉽습니다. 종종 이단, 사이비 단체에서 책자나 자료, 영상물을 교회로 보내는 경우가 있습니다. 그 자료들을 살펴보면 영락없이 다니엘서와 요한계시록을 교묘하게 해석해 놓았습니다. 이런 이유 때문에 요한계시록을 이단의 책으로 생각하기 쉽습니다.

그러나 요한계시록은 절대로 이단의 책이 아닙니다. 신약의 요한계시록과 구약의 다니엘서 같은 책은 박해 시대에 신앙인을 격려하기 위해서 기록된 책으로 학자들은 이를 '묵시문학'이라고 부릅니다. '묵시'라는 말은 비밀을 보여 준다는 뜻입니다. 무서운 박해를 당하는 이들에게 종말의 비밀을 미리 보여 주는 게 묵시입니다. 마지막 날에 악의 세력이 패배하고 하나님이 승리한다는 것을 보여 주면 박해받는 사람들이 힘을 얻고 용기를 얻을 것 아닙니까? 묵시문학의 목적이 바로 이것입니다. 따라서 묵시문학은 이단, 사이비하고는 전혀 관계가 없습니다.

요한계시록은 성경 66권을 마무리하는 가장 중요하고, 핵심적인 책입니다. 요한계시록에는 성경 전체에 등장하는 비유와 상징들이 광범위하게 인용되고 있을 뿐만 아니라, 창세기부터 시작된 하나님의 약속이 하나도 남김없이 성취된다는 사실을 실감나게 보여 주고 있습니다. 그러므로 요한계시록은 성경 전체의 결론이라고 할 수 있습니다.

이렇게 귀한 책을 이단, 사이비의 책자 정도로 생각하는 것은 요한계시록에 대해서 이만저만한 실례가 아닙니다. 요한계시록을 읽기 전에 이런 오해와 편견을 말끔히 걷어내야 합니다.

요한계시록에 대한 오해 - 무서운 책?

어떤 이들은 요한계시록을 읽고 나서 무섭고 두려운 생각이 들었다고 털어 놓습니다. 과연 요한계시록은 무서운 책인가요? 아닙니다. 그것은 요한계시록을 잘못 읽었기 때문입니다. 요한계시록은 무서운 책이 아니라 세상에서 가장 신나고 즐거운 책이며 십 년 묵은 체증이 쑥 내려가듯이 속이 후련하고 통쾌한 책입니다. 어째서 그런가요?

요한계시록이 무서운 책이라고 하는 것은 요한계시록에 나오는 재앙 시리즈를 중심으로 읽었기 때문입니다. 요한계시록에는 일곱 봉인, 일곱 나팔, 일곱 대접으로 이어지는 '재앙 시리즈'가 있습니다.

재앙 시리즈의 내용을 살펴봅시다. 우선 일곱 봉인을 뗄 때는 땅에 재앙을 쏟을 준비가 착착 진행이 됩니다. 일곱 봉인은 재앙의 예비 단계인 셈입니다. 그다음에 일곱 나팔, 일곱 대접부터는 본격적인 재앙이 시작됩니다. 나팔을 불고, 대접을 쏟을 때마다 하늘에서 불이 쏟아지기도 하고, 우박이 쏟아지기도 하고, 강물과 바다가 피로 변하기도 하고, 땅에서는 황충(메뚜기)이 나와서 사람들을 해치기도 하고, 마병대가 등장하여 유황불로 사람들을 죽이기도 합니다. 이렇게 재앙 시리즈를 읽다 보면 요한계시록이 무섭고 소름끼치는 이야기로 가득한 책이라고 오해할 만도 합니다.

그러나 재앙 시리즈에서 놓쳐서는 안 될 중요한 점이 있습니다. 이런 재앙의 피해를 당하는 사람들은 전부 다 하나님을 믿지 않는 사람들이라는 사실입니다. 무섭고 끔찍한 재앙은 하나님을 모독하고 거역하는 사람들에게만 쏟아집니다.

앞에서 일곱 봉인이 재앙의 예비 단계이고, 일곱 나팔과 일곱 대접이 본격적인 재앙의 진행 단계라고 했지요. 요한계시록을 자세히 살펴보면 일곱 봉인에서 일곱 나팔로 넘어가기 직전, 다시 말하면 재앙의 준비 단계에서 진행 단계로 넘어가기 바로 직전에 대단히 중요한 내용이 나옵니다. 그것은 하나님께서 구원받을 무리들을 선택하시는 장면입니다. 선택받은 무리는 선택받은 증거로 이마에 하나님의 인을 받습니다. 인은 도장을 말합니다. 이마에 하나님의 도장이 찍힙니다. 이들의 숫자는 '14만 4천 명'(7:4)이고, 다른 말로 하면 '아무도 능히 셀 수 없는 큰 무리'(7:9)입니다.

중요한 것은 이 선택받은 무리들에게는 일곱 나팔, 일곱 대접의 재앙이 전혀 임하지 않는다는 사실입니다. 하나님은 이들이 재앙을 겪지 않도록 철저하게 보호해 주십니다. 이들의 이마에 하나님의 인을 칠 때까지 사방의 바람이 해를 끼치지 못하게 천사들이 바람을 꽉 붙잡고 있습니다. 바람의 피해를 전혀 입지 않습니다. 또한 무저갱에서 쏟아져 나온 황충(메뚜기)은 다섯 달 동안 사람만 해치는 권세를 받았는데 아무 사람이나 해치는 것이 아니라 이마에 하나님의 도장을 받지 않은 사람들만 골라서 해치라는 명령을 받습니다. 하나님의 인을 받은 무리들은 황충의 재앙을 당하지 않습니다. 황충의 재앙뿐만 아니라 다른 재앙의 피해도 전혀 입지 않습니다.

하나님의 인을 맞은 사람들은 아무리 무서운 재앙이 이 땅에 쏟아져도 털끝 하나 상하지 않습니다. 그러므로 선택받은 사람들은 설령 하늘에서 불덩어리가 쏟아지고, 세상이 무너져내리고, 지진이 일어나고, 온갖 전쟁이 일어나도 끄떡하지 않고, 걱정할 필요가 전혀 없습니다. 하나님께서 온전히 지켜 주시기 때문입니다.

하나님의 재앙보다 더 중요한 주제는 하나님의 보호입니다. 요한계시록을 읽을 때는 재앙 시리즈를 중심으로 읽을 것이 아니라 하나님의 보호하심이라는 관점에서 읽어야 합니다. 이 땅에 쏟아지는 재앙보다 그 재앙 속에서도 하나님이 진실한 성도들을 지켜 주신다는 사실이 더 중요하지 않습니까? 하나님의 선택과 보호라는 주제는 결코 곁가지가 아니라 핵심 봉우리입니다.

앞으로는 요한계시록을 읽을 때 지금까지 했던 것과는 다른 방식으로 읽어야 합니다. 재앙을 중심으로 읽지 말고 하나님의 보호하심을 중심으로 읽어 보십시오. 그러면 두려운 마음이 아니라 기쁘고 평안한 마음, 후련하고 통쾌한 마음이 생겨날 것입니다.

상징을 잘못 해석하면 장가도 못 가요

요한계시록은 주로 상징으로 기록되어 있는데 상징을 잘 해석해야 됩니다. 상징을 잘못 해석하면 엉뚱한 결론이 나옵니다. 조선시대의 《어우야담》이라는 책에 나오는 '떡보와 사신' 이야기가 좋은 예입니다.

> 중국의 사신이 우리나라가 동방예의지국이라 기이한 사람이 있으리라 생각했습니다. 평양에 이르러 보니 키가 구척에 수염이 기다란 장부가 있었습니다.
>
> 사신이 손가락을 둥그렇게 하니까 장부는 손가락을 네모지게 했습니다. 사신이 세 손가락을 구부려 보이니까 장부는 다섯 손가락을 구부렸습니다. 사신이 옷을 들어 보이니까 장부는 손가락

으로 자기 입을 가리켰습니다.

사신이 서울에 이르러 조선 관리에게 말했습니다.

"내가 하늘이 둥글다고 하자 땅이 네모지다고 했고, 삼강이 있다고 하자 오상(五常)이 있다고 했고, 옷을 단정히 입고 가만히 앉아서도 덕으로 천하를 다스린다고 했더니 말세에는 입으로 천하를 다스려야 한다고 했소."

조선 관리가 장부를 찾아가 물었더니 이렇게 대답했습니다.

"둥근 절편을 먹고 싶다고 해서 나는 네모난 인절미가 먹고 싶다고 했고, 하루 세 끼를 먹고 싶다고 해서 나는 하루 다섯 끼를 먹고 싶다고 했고, 그분이 근심하는 바는 옷 입는 것이라고 해서 내가 근심하는 바는 먹는 것이라고 했습니다."

완전 동문서답입니다. 이 정도면 사오정이 따로 없지요. 상징을 잘못 해석하면 이렇게 됩니다. 이런 예는 많이 있습니다. 한 가지 예를 더 들까요? 가난한 총각이 처녀하고 맞선을 봤습니다. 처녀는 총각에게 아무 말도 안 하고 대신 그림을 그려 주었어요. 그림 속에는 말 두 마리와 소 다섯 마리가 있었습니다. 총각은 말 두 마리와 소 다섯 마리를 가지고 와야 결혼할 수 있다는 뜻으로 알아들었습니다.

가난한 살림에 그런 재산이 있을 리 만무하지요. 그래도 장가 들 욕심에 수 년 동안 뼈빠지게 일을 해서 말과 소를 구해 가지고 처녀에게 찾아갔더니 처녀는 이미 다른 곳으로 시집 가고 말았습니다. 그리고 그 그림은 말과 소를 가져오라는 뜻이 아니라 '두 말 말고 오소'

라는 뜻이라고 해석해 주었습니다. 아, 그림을 엉뚱하게 해석한 것이지요. 상징을 잘못 해석하면 장가도 못 갑니다. 요한계시록을 잘못 해석하면 장가를 못 가는 정도가 아니라 큰 낭패를 당합니다.

상징을 잘못 적용하면 눈알을 다치느니

요한계시록을 잘못 해석하는 사람들이 많습니다. 최근에는 요한계시록에 나오는 666이 베리칩이라고 주장하는 사람들이 생겨났습니다. 언젠가 길거리에서 베리칩을 받으면 지옥에 간다는 내용의 전단지를 사람들에게 나눠 주기에 저도 받아본 적이 있습니다. 666과 베리칩은 아무 상관이 없습니다. 저는 늘 궁금한 것이 요한계시록에는 왜 이런 엉터리 해석이 많으냐 하는 것입니다. 그러다가 어느 날 궁금증의 실마리가 풀렸습니다.

요한계시록을 해석하는 원칙 중의 한 가지는 요한계시록은 상징으로 씌어졌기 때문에 상징을 풀어내야 한다는 것입니다. 요한계시록의 언어는 대부분 상징입니다. 상징에는 반드시 본래의 뜻이 있습니다. 요한계시록의 의미를 제대로 파악하기 위해서는 먼저 상징을 벗겨내서 그 상징 속에 담겨 있는 본래의 뜻을 캐내는 작업을 해야 합니다.

예를 들면, 요한계시록 7장에 '이마에 하나님의 인을 맞은 무리들'이 등장합니다. 여기에서 '하나님의 인'이 무엇입니까? '인'은 상징입니다. '하나님의 인'이라는 상징이 뜻하는 것은 '하나님의 선택과 소유'입니다.

또 다른 예를 들어 볼까요? 새 예루살렘 성은 온갖 보석과 진주로 꾸며져 있습니다. 보석과 진주도 상징입니다. 가장 아름답고 값지고 귀한 것이라는 뜻입니다.

이렇게 상징의 뜻을 캐낸 다음에는 그 상징의 뜻을 우리가 사는 이 시대에 적용해야 합니다. 다시 말합니다. '상징'이 아니라 '상징의 뜻'을 이 시대에 적용해야 됩니다. 그렇지 않고 상징을 직접 현대에 적용하면 심각한 오류가 생기게 됩니다. 요한계시록을 잘못 해석하는 원인이 '상징'과 '상징의 뜻'을 구별하지 못한 데 있습니다.

마지막 날 구원받은 무리들이 '흰 옷'을 입고 있다고 해서 흰 옷 입고 깊은 산 속에 들어가서 종말의 그날을 기다리면 될까요? 아무리 흰 옷을 입었어도 속이 더럽고 시커멓다면 천국에 갈 수 없습니다. '흰 옷'은 상징입니다. 상징을 그대로 우리 시대에 적용하면 안 됩니다. 상징이 아니라 상징의 뜻을 밝혀내서 그 뜻을 적용해야 합니다.

'666'도 상징입니다. 666은 짐승의 숫자입니다. 짐승은 기독교를 박해하는 악한 권세자입니다. 666이 상징이라면 상징의 뜻은 '악한 권세자'입니다. 666이라는 짐승의 표를 받지 말라는 것은 악한 권세자에게 굴복하지 말라는 것입니다. 그런데 666이라는 상징을 현대사회에 지접 적용해서 666이 바코드니 컴퓨터니 베리칩이니 하는 말도 안 되는 해석을 하는 무리들이 있습니다.

14만 4천 명도 상징적인 숫자입니다. 상징적인 숫자를 실제적인 숫자로 받아들이면 곤란합니다. 대부분의 이단은 14만 4천 명을 실제적인 숫자로 해석해서 자기네 집단에 속한 사람들만 14만 4천에 해당되고 그 숫자가 채워지면 종말이 온다는 식으로 해석합니다. 이것 역시 상징을 직접 적용한 데서 빚어진 잘못된 해석입니다. '14만 4천'이라는 숫자는 상징입니다. 실제적인 숫자가 아니기 때문에 14만 4천이든 14만 5천이든 숫자 자체에는 큰 의미가 없습니다. 그보다는 그 숫자가 의미하는 바가 무엇인가가 더 중요합니다. 이것을 그림으로 표현하면 다음과 같습니다.

■ **잘못된 적용**

상징 ---- 상징의 뜻

⇓

적용

(잘못됨)

■ **올바른 적용**

상징 ---- 상징의 뜻

⇓

적용

(옳음)

■ **잘못된 적용의 예**

666(상징) ---- 악한 권세자(상징의 뜻)

⇓

적용

- 666은 컴퓨터, 바코드, 베리칩이다

(잘못됨)

올바른 적용의 예 666(상징) ---- 악한 권세자(상징의 뜻)

⇓

적용

- 악한 권세자에게 굴복하지 말아야 한다

(옳음)

요한계시록을 읽을 때 제일 먼저 해야 될 일은 상징이 뜻하는 바가 무엇인지를 파악하는 것입니다. 다시 말하면, 요한계시록의 해석은 상징을 벗겨내고 그 속에 들어 있는 뜻을 캐내는 작업이라고 말할 수 있습니다. 그다음에 상징의 뜻을 우리의 현실에 적용해야 합니다. 이것을 모르고 상징을 그대로 현실에 적용하면 전혀 엉뚱한 해석이 나옵니다.

군밤 좋아하시나요? 어렸을 때 추운 겨울날 방 안에서 화롯불에 밤을 구워 먹었던 기억이 납니다. 화롯불에 밤을 구울 때는 어르신들이 밤 껍질을 벗겨서 구워야 한다고 단단히 주의를 줍니다. 껍질을 벗기지 않고 그냥 구웠다가는 군밤이 용수철이 튕기듯이 툭 튀어나옵니다. 어떤 아이는 튀어나온 밤에 눈이 맞아서 눈알이 빠질 뻔했다고 합니다. 껍질을 까지 않고 밤을 구웠다가는 이런 불상사를 당하는 수가 있습니다.

요한계시록을 해석하는 사람 중에는 밤을 껍질도 벗기지 않고 구우려는 사람들이 있습니다. 이들은 요한계시록의 상징을 벗겨내지 않고 상징을 그대로 우리 시대에 적용합니다. 그래서 666이 어쩌니, 14만 4천 명이 어쩌니 베리칩이 어쩌니 하면서 떠들고 다닙니다. 큰일납니다. 그러다가 눈알이 빠지는 수가 있습니다. 이런 사람은 군밤타령을 한바탕 부른 후에 제발 정신 차리기를 바랍니다.

요한계시록의 핵심 주제-오직 하나님께만 경배하라

제가 여러분에게 질문을 던지겠습니다. 요한계시록의 가장 중요한 주제가 무엇인가요? 틀려도 괜찮으니까 생각해 보세요. 666입니까? 아니면 종말입니까? 아니면 심판입니까? 저는 '하나님만을 경배하라'가 요한계시록의 핵심 주제라고 생각합니다.

요한계시록 4장을 펴 보세요. 하늘 문이 열리고 하늘의 광경이 펼쳐집니다. 하늘에는 무엇이 있습니까? 제일 먼저 보좌가 보이고, 그 보좌에 어떤 분이 앉아 있는 것이 보입니다. 또한 보좌 주위에는 이십사 장로와 네 생물이 둘러서 있습니다.

여기에서 요한계시록의 핵심 주제를 보여 주는 중요한 말이 나옵니다. '경배한다'는 말입니다. 10절을 보십시오.

> "이십사 장로들이 보좌에 앉으신 이 앞에 엎드려 세세토록 살아 계시는 이에게 경배하고."

여기서 '경배한다'는 말이 나오지요. 누구에게 경배합니까? '세세토록 살아 계시는 이' 곧 하나님께 경배드리고 있습니다. 하나님께 경배드리는 것이 합당한 일입니다. 그런데 이 땅에서는 하나님이 아니라 로마 황제에게 경배하는 일을 강요당하고 있습니다. 초대교회 성도들은 '하나님께 경배할 것인가, 로마 황제에게 경배할 것인가'를 선택하지 않으면 안 되는 상황에 처해 있었습니다.

예수님이 광야에서 40일 동안 금식기도 하시는 중에 마귀로부터 세 가지의 시험을 당했습니다. 무엇이죠? 첫째는 돌로 떡을 만들어 보라는 것이고, 둘째는 성전 꼭대기에서 뛰어내리라는 것이고, 셋째는 마귀에게 경배하라는 것입니다. 마귀가 예수님께 천하 만국과 그 영광을 보여 주면서 "만일 내게 엎드려 경배하면 이 모든 것을 네게 주리라"(마 4:9) 하고 유혹합니다.

제가 여러분에게 물어보겠습니다. 세 가지 시험 중에서 어떤 시험이 가장 중요할까요? 맞습니다. 마지막 시험이 제일 중요합니다. 왜냐하면 설령 예수님이 돌을 떡으로 만드는 기적을 행하고, 성전 꼭대기에서 뛰어내리는 묘수를 보여 준다 하더라도 만일 예수님이 마귀에게 경배한다면 그 모든 기적과 능력이 하나님의 영광을 드러내는 것이 아니라 마귀를 돕는 것이 되기 때문입니다. 그러기에 예수님은 마귀의 제안을 단호하게 거절합니다. 예수님의 말씀을 들어 보세요.

> "주 너의 하나님께 경배하고 다만 그를 섬기라"(마 4:10).

저는 이 말씀이 요한계시록 전체를 꿰뚫는 핵심 주제라고 생각합니다. 예수님이 '사탄에게 경배하느냐, 하나님께 경배하느냐' 하는 시험을 당했듯이 초대 교인들도 '로마 황제에게 경배하느냐, 하나님께 경배하느냐' 하는 중대한 시험을 당했습니다. 그들에게 요한계시록은 사탄에게 경배하지 말고 오직 하나님께만 경배해야 한다는 가르침을 전하고 있습니다.

여러분이 혹시 시간이 나면 요한계시록 전체를 읽어 보면서 '경배한다'는 말을 모두 찾아 보시고, 경배의 대상이 누구인가를 살펴보십시오. 여러분의 수고를 덜기 위해서 제가 정리를 해 보았습니다. 밑줄 친 부분을 눈여겨 보세요.

"*세세토록 살아 계시는 이에게* 경배하고"(4:10).

"장로들은 엎드려(*보좌에 앉으신 이와 어린 양에게*) 경배하더라."(5:14)

"모든 천사가……*하나님께* 경배하여"(7:11).

"우상에게 절하고(경배하고)"(9:20).

"이십사 장로가……*하나님께* 경배하여"(11:16).

"용에게 경배하며 짐승에게 경배하여"(13:4).

"다 그 짐승에게 경배하리라"(13:8).

"처음 짐승에게 경배하게 하니"(13:12).

"우상에게……경배하지 아니하는 자는"(13:15).

"*근원을 만드신 이를* 경배하라"(14:7).

"짐승과 그의 우상에게 경배하고"(14:9, 11).

"만국이 와서 *주께* 경배하리이다"(15:4).

"짐승의 표를 받은 사람들과 그 우상에게 경배하는 자들에게"(16:2).

"내가 그(천사) 발 앞에 엎드려 경배하려 하니"(19:10).

"그의 우상에게 경배하던 자들을"(19:20).

"짐승과 그의 우상에게 경배하지 아니하고"(20:4).

"천사의 발 앞에 경배하려고 엎드렸더니"(22:8).

"*하나님께* 경배하라"(22:9).

경배의 대상이 누구입니까? 딱 두 부류로 나누어집니다. 첫째는 용과 짐승, 짐승의 우상입니다. 이것은 다 사탄의 세력입니다. 둘째는 하나님과 어린 양입니다. 어린 양은 요한계시록에서 예수님을 가리키는 말입니다. 그러니까 경배의 대상은 사탄의 세력과 하나님의 세력입니다. 사탄에게 경배하든지 하나님께 경배하든지 둘 중의 하나입니다. 단 하나 예외는 요한이 천사에게 경배하려고 엎드리는 내용입니다. 요한은 두 번이나 천사에게 경배하려고 합니다.

이때 천사는 요한의 경배를 단호하게 거절하며 이렇게 말합니다. "나는 너와 및 예수의 증언을 받은 네 형제들과 같이 된 종이니 삼가 그리하지 말고 오직 하나님께 경배하라"(19:10)고 말하고, 또한 거듭해서 "나는 너와 네 형제 선지자들과 또 이 두루마리의 말을 지키는 자들과 함께 된 종이니 그리하지 말고 하나님께 경배하라"(22:9)고 말합니다. '오직 하나님께 경배하라'는 천사의 말은 요한계시록의 주제와 부합합니다.

일본의 기독교 소설가 엔도 슈사꾸가 쓴 《침묵》이라는 소설이 있습니다. 처음 일본에 선교사들이 들어와서 복음을 전파해서 기독교인들이 생겨났습니다. 이들은 끔찍한 탄압을 겪고 배교를 강요당합니다. 《침묵》은 이런 내용을 다루고 있습니다. 엔도 슈사꾸가 이 소설을 쓰게 된 동기는 어느 곳에서 '후미에'를 본 경험 때문입니다. '후미에'는 나무에 예수님의 얼굴을 새겨 넣은 조각인데 당시 일본 당국은 기독교인들에게 배교의 표시로 발로 후미에를 밟도록 했습니다. 후미에를 밟으면 살려 주고, 후미에를 밟지 않으면 끌고 가서 혹독한 고문을 저질렀습니다. 후미에를 밟을 것이냐 말 것이냐 하는 것은 하나님께 경배할 것이냐 사탄에게 경배할 것이냐를 결정하는 것입니다.

요한계시록의 주제가 바로 이것입니다. 후미에를 밟을 것이냐 말 것이냐, 신앙을 지켜야 하는가 포기해야 하는가 하는 선택의 갈림길에 서 있는 기독교인들에게 요한계시록이 주는 가르침은 무엇입니까? 그것은 천사의 말과 같이 '오직 하나님께만 경배하라'는 것입니다.

요한계시록은 오메가의 책

예수님은 자신을 '알파와 오메가'라고 소개합니다(22:13). 알파와 오메가가 무엇입니까? 신약성경은 헬라어(그리스어)로 씌어졌는데 헬라어의 첫 글자가 '알파'이고, 마지막 글자가 '오메가'입니다. 알파와 오메가 중에서 요한계시록은 '오메가'에 강조점을 두고 있습니다. 예수님은 자신을 '알파와 오메가'라고 소개하면서 아마도 '오메가'라는 말에 더 힘을 주어서 말씀하셨을 것입니다. '오메가'는 시골 어르신들도 다 압니다. 자녀나 손주들이 '오메가3'라는 영양제를 사 주어서 '오메가'

라는 말에 익숙합니다.

오메가는 헬라어의 마지막 글자이기 때문에 마지막 혹은 세상 종말을 상징하는 말입니다. 요한계시록에는 주로 세상 종말에 관한 내용이 많이 나옵니다. 마지막 날에 쏟아질 재앙, 마지막 날에 벌어질 사탄과 하나님의 전쟁, 마지막 날 흰 보좌에 앉으신 하나님의 심판, 마지막 날 사탄의 패망, 마지막 날 이 땅에 내려올 새 하늘과 새 땅 등 세상 끝날에 벌어질 일들을 다루고 있습니다. 한 마디로 요한계시록은 '오메가의 책'입니다.

제가 언젠가 신약성경을 해설한 책을 보았는데 그 책은 신약 27권 중에서 요한계시록을 맨 처음에 써 놓았습니다. 무슨 심오한 뜻이 숨어 있나 싶어서 살펴보았더니 그런 것이 아닙니다. 단지 평신도들이 책을 끝까지 읽지 않기 때문에 맨 끄트머리에 나오는 요한계시록을 읽을 기회가 거의 없을 것 같아서 요한계시록을 읽도록 하기 위해 그렇게 뒤집어 놓았다고 설명했습니다.

요한계시록을 읽게 하려는 의도는 충분히 이해가 되지만 그래도 역시 요한계시록은 맨 마지막에 두는 것이 타당하다고 생각됩니다. 왜냐하면 요한계시록은 세상 종말을 다루고 있기 때문이기도 하고, 또 한 가지는 신·구약성경 66권에 나오는 중요한 주제들을 요한계시록에서 반복해서 다루고 있기 때문입니다. 예를 들면, 요한계시록에 나오는 '어린 양'이나 '바벨론', '열두 지파', '3년 반', '네 생물', '추수', '나팔', '짐승', '생명수의 강' 같은 용어는 이미 요한계시록의 앞에 나오는 책에서 나온 주제들입니다. 요한계시록은 성경 66권을 요약하는 종합적인 성격을 띤 책입니다. 따라서 성경공부를 할 때도 신·구약성경을 다 다룬 다음에 맨 마지막으로 요한계시록을 공부하는 것이 좋습니다.

요한계시록은 '오메가의 책'이면서 동시에 우리에게 '오메가의 신앙'을 일깨워 줍니다. 신앙생활을 하다가 중단하면 안 됩니다. 끝까지 밀고 나가야 합니다. 특히 무서운 박해를 받을 때는 신앙이 꺾이지 않고 끝까지 견뎌내야 합니다. 신앙은 시작도 좋아야 하지만 나중이 좋아야 합니다. 마지막에 웃는 사람이 진짜 웃는 사람이고 마지막에 이기는 사람이 진짜 이기는 것입니다.

허생원이 그날 밤을 못 잊는 까닭 - 요한계시록의 반복 기법

요한계시록을 해석할 때 중요한 원칙이 또 한 가지 있습니다. 그것은 '반복 기법'입니다. 이것은 요한계시록에 정통한 학자들이 대부분 인정하는 것입니다. 반복 기법을 이해하지 못하면 요한계시록을 종말의 날짜를 계산하는 시간표 정도로 오해하게 됩니다. 실제로 요한계시록에서 종말의 날짜를 계산해 내는 사람들은 이 반복 기법을 무시하고 요한계시록이 연대순으로 기록되어 있는 것으로 해석합니다. 무식하면 용감하다고 할까요?

옆 동네에 있는 안식교회에 새로 부임한 목사님이 제게 인사 차 찾아왔습니다. 사실 안식교는 이단으로 여기기 때문에 별로 교류가 없었습니다. 그 목사님은 제게 두툼한 책 두 권을 선물로 주더군요.

안식교의 어떤 독지가가 돈을 희사해서 그 책을 무료로 나누어 준다는 것입니다. 제목을 보니까 '다니엘서 주석'과 '요한계시록 주석'이었습니다. 혹시 요한계시록을 공부할 때 참고가 될까 싶어서 받아두었지요. 저는 이단에서 나온 책자나 자료, 전단지까지도 버리지 않고 다 보관해 놓습니다. 이단들이 주장하는 바를 알아야 비판할 것 아닙니까?

나중에 한가한 시간에 그 책을 읽어 보았더니 아니나 다를까 요한계시록을 역사의 시간표로 다루고 있더군요. 1차 세계대전은 요한계시록 몇 장에 해당되고, 히로시마에 핵무기가 떨어진 것은 몇 장에 나오는 재앙에 해당되고, 그러니까 2010년대를 살아가는 이 시대는 요한계시록의 몇 장쯤에 해당된다는 것입니다. 그런 식으로 생각한다면 이 세상이 끝날 때가 언제인가도 어렴풋이 짐작할 수 있겠지요. 안식교에서 펴내는 잡지의 이름이 〈시조〉(時兆)입니다. "동창이 밝았느냐" 어쩌구 하는 그런 시조가 아니고 '때의 징조'라는 뜻입니다. 시조라는 말에도 종말의 때를 알 수 있다는 암시가 배어 있습니다. 사실 안식교는 두 번이나 종말의 날짜를 예언했다가 빗나가서 수정한 적이 있습니다.

요한계시록은 1장부터 22장까지 역사 속에 일어날 사건들을 연대순으로 기록해 놓은 책이 아닙니다. 정반대로 시대를 뒤죽박죽 섞어 놓았다고 하는 편이 맞습니다. 예수님 이후의 역사를 요약해서 보여 주고, 그것을 다른 관점에서 또다시 보여 주는 일을 되풀이합니다. 그러니까 앞에서 일어났던 사건이 뒤에서 다시 반복되고, 반복된 사건이 또다시 반복됩니다. 이것이 바로 '반복 기법'입니다.

강원도 봉평에 가면 해마다 메밀꽃 축제가 열립니다. 이 축제는 이효석의 소설 《메밀꽃 필 무렵》에서 유래되었습니다. 소설의 주인공으로 등장하는 장돌뱅이 허생원은 젊은 시절 보름달이 뜬 한밤중에 물방앗간에서 동네 처녀와 인연을 맺은 그날을 평생 가슴에 담고 살아갑니다. 허생원에게 그 사건은 너무도 잊을 수 없는 기억이기 때문에 보름달만 뜨면 그 얘기를 되풀이합니다. 허생원의 친구 조선달은 그 얘기를 수도 없이 들었지만 차마 그만하라는 말을 하지 못합니다. 소설의 그 대목을 인용해 보겠습니다.

> 그렇다고는 하여도 꼭 한 번의 첫 일을 잊을 수는 없었다. 뒤에도 처음에도 없는 단 한 번의 괴이한 인연! 봉평에 다니기 시작한 젊은 시절의 일이었으나 그것을 생각할 적만은 그도 산 보람을 느꼈다.
>
> "달밤이었으나 어떻게 해서 그렇게 됐는지 지금 생각해두 도무지 알 수 없어."
>
> 허생원은 오늘밤도 그 이야기를 끄집어 내려는 것이다. 조선달은 친구가 된 이래 귀에 못이 박히도록 들어왔다. 그렇다고 싫증을 낼 수도 없었으나, 허생원은 시치미를 떼고 되풀이할 대로는 되풀이하고야 말았다.
>
> "달밤에는 그런 얘기가 격에 맞거든."

예를 들면, 요한계시록에는 악의 세력과 선의 세력이 전쟁을 치르는 이야기가 여러 번 나옵니다. 요한계시록에 나오는 전쟁은 하늘의 전쟁과 땅의 전쟁, 두 가지입니다. 하늘의 전쟁은 딱 한 번 나옵니다. 하늘에서 사탄(용)의 군대와 천사장 미가엘의 군대 사이에 전쟁이 벌어졌습니다. 용은 전쟁에서 패한 후에 땅으로 도망합니다(12:7-9).

그다음에 땅의 전쟁이 있습니다. 땅의 전쟁은 여러 차례 나옵니다. 16장에서 사탄은 천하의 왕들을 모아서 아마겟돈에서 전쟁을 벌입니다. 이른바 아마겟돈 전쟁입니다. 19장에서도 백마를 타신 분이 이끄는 하늘의 군대가 짐승의 군대와 더불어 전쟁을 벌입니다. 짐승의 군대는 여지없이 패하고 우두머리인 짐승은 포로로 잡힙니다. 20장에 또 한 번의 전쟁이 있습니다. 천 년 동안 무저갱에 갇혀 있던 사탄이 풀려나서 곡과 마곡을 모아서 성도들의 성을 공격합니다. 이 전쟁에서도 마귀는 처참하게 패합니다.

무려 세 차례의 전쟁이 벌어졌습니다. 아마겟돈 전쟁, 백마 타신 분의 전쟁, 곡과 마곡의 전쟁. 그럼 전쟁이 세 번이나 벌어지는 것일까요? 아닙니다. 단 한 차례의 전쟁이 있을 뿐입니다. 하늘에서도 한 차례의 전쟁이 있었던 것처럼 땅에서도 단 한 차례의 전쟁이 벌어집니다. 그럼 왜 한 번의 전쟁을 두 번, 세 번 되풀이하는 것일까요? 그것은 《메밀꽃 필 무렵》에 나오는 허생원에게 물어보십시오. 당신은 왜 딱 한 번 처녀와 하룻밤을 보낸 얘기를 보름달만 뜨면 또 하고 또 하느냐고. 그럼 뭐라고 대답할까요?

제 친구 한 사람이 기억력이 부족해서 무슨 일을 두 번, 세 번 물어보는 경향이 있습니다. 언젠가는 선물을 한 번 주더니 이내 잊어버리고 또 선물을 주려고 해요. 제가 선물을 받았다고 했더니 며칠 후에 또 선물을 주었냐고 물어 봐요. 그때 제 머릿속에 못된 생각이 살짝 스쳐갔습니다.

'이 친구한테 10만원을 꿔 주고 다달이 받고 또 받으면 어떨까. 그렇게 해도 이 친구는 눈치를 못 챌 텐데.'

그 친구가 똑같은 질문을 두 번, 세 번 반복하는 것은 기억력이 나빠서 그렇지만 요한계시록에서 똑같은 내용을 반복하는 것은 요한의 기억력과는 아무런 관련이 없고, 다만 중요한 내용을 강조하기 위해서입니다. 마지막 날 하나님의 군대가 사탄의 군대와 싸워서 승리한다는 이야기는 박해를 받는 우리 기독교인들에게는 매우 통쾌하고 감격스러운 사건이 아닙니까? 그래서 두 번이고 세 번이고 계속해서 되풀이하는 겁니다.

바벨론이 멸망하는 얘기도 여러 차례 나옵니다. 14장에서 천사가 "무너졌도다 무너졌도다 큰 성 바벨론이여"(14:8)라고 바벨론의 패망을 선포합니다. 그런 후에 또다시 18장에서 다른 천사가 "무너졌도다 무너졌도다 큰 성 바벨론이여"(18:2)라고 외치면서 바벨론의 멸망을 상세히 보도합니다. 그럼 바벨론이 두 번 멸망했나요? 아닙니다. 단 한 번에 완전히 파멸했습니다. 14장에서는 바벨론의 멸망을 포고령 식으로 선포한 것이고, 18장에서는 바벨론이 멸망한 모습을 좀더 자세히 묘사한 것입니다. 이렇게 바벨론의 멸망을 두 번씩이나 기록한 것은 그것이 매우 중대한 사건이기 때문입니다.

여러분이 요한계시록을 읽다가 반복되는 내용이 나오면 '아, 이것은 대단히 중요한 내용이구나' 하는 것을 알고 정신을 바짝 차리고 여러 번 읽어 보아야 합니다. 반복 기법은 중요한 사건이나 가르침을 강조하기 위해서 요한계시록에서 즐겨 사용하는 문학 기법입니다.

요한계시록을 잘 이해하려면 - 먼저 내용과 구조를 파악해야

제가 언젠가 요한계시록 강의를 하는데 듣는 분들이 어쩐지 잘 이해하지 못하는 것 같아서 땀을 뻘뻘 흘리면서 힘들어했던 적이 있습니다. 왜 그랬을까 곰곰이 생각해 보니 원인은 간단했습니다.

듣는 분들이 요한계시록의 내용 자체를 모르고 있었기 때문입니다. 무저갱이나 아마겟돈 전쟁이나 바다에서 올라온 짐승이나 하늘에서의 전쟁 같은 내용 자체를 모르는 상황에서 그런 내용들에 대한 해석을 장황하게 설명했으니 듣는 사람들이 얼마나 혼란스러웠겠습니까?

그때 깨달은 것이 있습니다. 요한계시록을 해석하는 방법보다 요한계시록 자체의 내용과 구조를 파악하는 것이 먼저라는 사실입니다. 여러분은 우선 요한계시록을 읽으면서 요한계시록 전체의 구조가 어떻게 되어 있는가를 파악하고, 각 장마다 무슨 내용과 어떤 상징이 있는가를 먼저 파악하십시오. 그런 다음에 그 상징들에 대한 해석을 들으면 훨씬 빠르게 이해할 수 있을 것입니다.

1) 구조를 파악하십시오.

요한계시록의 계시 부분은 일곱 봉인, 일곱 나팔, 일곱 대접이라는 상징을 중심으로 전개됩니다. 혹시 '쥬만지'라는 영화를 본 적이 있습니까? 주사위를 던지면 마법상자에서 갖가지 사건들이 전개됩니다. 홍수가 쏟아지기도 하고, 밀림의 짐승들이 몰려오기도 하고, 전혀 예기치 못한 일들이 벌어집니다. 요한계시록에서도 일곱 봉인, 일곱 나팔, 일곱 대접의 순서대로 여러 가지 재앙이 땅에 쏟아집니다. 요한계시록을 읽는 이들은 다음에는 무슨 일이 벌어질까 하는 궁금증을 품고 손에 땀을 쥐며 읽어나가게 되겠지요.

이제 일곱 봉인, 일곱 나팔, 일곱 대접의 재앙 시리즈를 읽는 방법을 가르쳐 드리겠습니다. 일곱 나팔과 일곱 대접의 재앙은 상당히 비슷합니다. 두 재앙의 공통점을 찾아보면 일곱 개 재앙 중에서 앞부분에 나오는 재앙이 대개 하늘과 땅에 있는 피조물에 대한 재앙이라면, 뒷부분에 나오는 재앙은 인간에 대한 재앙이라는 점입니다. 여기에서 주목해야 될 것은 인간에 대한 재앙입니다. 앞의 재앙이 예비 재앙이라면 뒤의 재앙은 본격적인 재앙입니다. 변죽을 치면 복판이 울린다는 말이 있지요. 앞의 재앙이 변죽을 치는 것이라면 뒤의 재앙은 복판을 치는 것입니다. 그러므로 앞의 재앙은 슬렁슬렁 읽어도 되지만 뒤의 재앙은 손으로 짚어가면서 꼼꼼히 읽어야 합니다.

마지막 일곱 번째 재앙은 특별한 재앙이 나오지 않고 다만 그다음 재앙을 여는 시초가 됩니다. 일곱 봉인의 마지막 일곱 번째 봉인을 떼면 일곱 나팔의 재앙이 시작됩니다(8:1-5). 마찬가지로 일곱 나팔의 마지막 일곱 번째 나팔을 불면 이어서 일곱 대접의 재앙이 시작됩니다(11:15-18). 마치 열차와 열차의 객실을 연결하는 고리와 같습니다. 혹은 계주경기에서 한 선수가 다른 선수에게 바통을 넘겨주는 것과 비슷합니다.

2) '중간계시'에 집중하십시오.

일곱 재앙의 시리즈를 읽을 때 명심해야 할 사항이 있습니다. 일곱 재앙 시리즈의 중간중간에 등장하는 사건들이 있습니다. 이를 흔히 '중간계시'라고 부릅니다. 예를 들면, 7장에 나오는 '14만 4천 명 이야기'나 10장에서 '작은 책을 받아먹는 이야기', 11장에 나오는 '두 증인의 이야기' 등이 그것입니다. 저는 요한계시록을 주석하면서 크게 깨달은 것이 있습니다. 일곱 재앙 자체보다 그 사이사이에 끼어 있는 '중간계시'가 훨씬 더 중요하다는 사실입니다.

여러분은 계단을 올라가 본 적이 있을 것입니다. 왜 계단이 필요할까요? 어딘가를 찾아가기 위해서 계단을 올라가는 것이 아닙니까? 교회라면 계단을 통해서 교회 본당에 들어가려는 것이겠지요. 종합병원에 가면 건물 구조가 복잡해서 처음에는 어리둥절해집니다. 언젠가 병원 심방을 갔는데 입원실을 찾을 수 없어서 한참 동안 헤매고 다녔습니다. 다행히 복도 바닥에 빨간색, 파란색, 하얀색 등으로 선을 그어 놓아서 그 선을 따라갔더니 그래도 좀 수월했습니다. 승강기를 여러 번 갈아타고, 계단을 오르내리고, 빨간 선, 파란 선을 따라가서 경우 입원실을 찾았습니다. 여기에서 계단이나 승강기, 빨간 선이 중요합니까, 아니면 찾아가려는 입원실이 중요합니까?

요한계시록에서도 마찬가지입니다. 일곱 재앙 시리즈가 계단이나 승강기라면 재앙 시리즈 사이에 있는 '중간계시'는 병원 입원실인 셈입니다. 무엇이 중요하겠습니까? 저는 재앙 시리즈와 중간계시를 '줄기와 꽃봉오리'로 비유하고 싶습니다. 일곱 재앙 시리즈가 식물의 줄기라면 중간계시는 꽃봉오리입니다. 한 송이 꽃봉오리를 피우기 위해서 줄기가 솟고, 잔가지들이 뻗어 나가고, 잎사귀가 돋는 것 아닙니까? 사람들이 꽃봉오리에 주목하는 것처럼 우리도 일곱 재앙 시리즈보다는 그 꽃봉오리인 '중간계시'의 내용에 주목해야 합니다.

요한계시록을 해석하는 분들이 대부분 중간계시를 소홀히 취급하는 경향이 있습니다. 이름도 중간계시라고 하니까 마치 연극 공연을 할 때 '막간'과 같은 느낌이 들지요. 중간계시는 막간이 아니라 재앙 시리즈의 핵심이고 절정입니다. 그래서 저는 여러분이 요한계시록을 읽을 때 이 중간계시의 내용에 집중하고 꼼꼼히 읽어 보라고 권하고 싶습니다.

저는 이러한 사실을 깨닫고 요한계시록을 다시 읽어 보았습니다. 첫 번째 중간계시는 7장에 나오는 14만 4천 명 이야기입니다. 이들은 모두 이마에 하나님의 인이 찍힌 사람들입니다. 즉 구원받은 성도들이죠. 마지막 날에 구원받을 사람들이 누구인가요? 우리는 과연 구원받을 무리 틈에 낄 수 있을까요? 이것은 대단히 심각한 질문입니다. 14만 4천 명의 이야기는 바로 이런 질문에 대한 대답입니다.

두 번째 중간계시도 마찬가지입니다. 10장에서 요한은 천사로부터 작은 두루마리를 받고 그것을 먹으라는 명령을 받습니다. 먹을 때는 달지만 뱃속에 들어가면 쓰디쓸 것이라고 말합니다. 고통스럽지만 말씀을 전해야 한다는 것을 암시합니다. 또한 11장에서는 두 증인의 이야기가 나옵니다. 두 증인은 3년 반 동안 증언을 하다가 죽고 하나님의 권능으로 다시 살아납니다. 10장과 11장의 이야기는 박해의 시대에 기독교인들이 예수 그리스도의 복음을 온 세상에 '증언하는 사명'을 맡았음을 보여 줍니다. 박해를 당할 때에 신실한 신앙인들은 단지 인내하고 신음할 뿐만 아니라 좀더 적극적으로 박해를 뚫고 '증인의 역할'을 감당해야 합니다. 박해 시대에 증인이 된다는 것, 깊이 음미해야 할 대목입니다.

이렇게 중간계시는 중요한 내용을 담고 있습니다. 중간계시의 내용을 여러 번 읽고 그 가르침을 잘 새겨야 합니다.

일곱 교회에 보내는 편지

요한계시록은 '일곱 교회에 보내는 편지'(2-3장)와 '요한이 본 환상'(4-22장)으로 엮어져 있습니다. 편지와 환상, 두 가지 내용 중에서 흔히 '요한이 본 환상'을 더 중요하게 생각하는 경향이 있는데 저는 오히려 '일곱 교회에 보내는 편지'가 더 중요하다고 생각합니다. 요한계시록의 핵심 내용은 '예수님'과 '교회'입니다. 이 두 가지 핵심 주제가 잘 나타나 있는 곳이 바로 일곱 교회에 보내는 편지입니다.

편지를 보내는 분은 요한이 처음 환상 때 본 바로 그분, 예수 그리스도입니다. 예수 그리스도를 묘사하는 대목 중에 가장 대표적인 것이 '오른손에 일곱 별을 붙잡고 일곱 금 촛대 사이를 거니는 분'(2:1)이라는 표현입니다. 다 알다시피 일곱 촛대는 일곱 교회이고, 일곱 별은 일곱 교회를 지키는 천사입니다(1:20). 예수님은 이 세상에서 그 무엇보다도 교회를 가장 사랑하시고, 지켜 주신다는 사실을 잘 보여 주고 있습니다.

일곱 교회에 보내는 편지에는 교회를 사랑하고 아끼시는 예수님의 마음이 절절이 배어 있습니다. 예수님은 교회가 얼마나 환난과 박해를 당하고 있는가를 잘 알고 계시고, 지금의 형편은 어떠한지, 앞으로 어떻게 처신해야 옳은지를 너무나 잘 알고 계십니다. 또한 악한 세력들이 어떻게 교회를 핍박했고, 어떤 속임수를 썼는지, 교회가 어떤 계략에 넘어갔는지도 다 알고 계십니다. 이러한 내용은 이후에 전개되는 환상에서 좀더 자세히 밝혀집니다.

말하자면 일곱 교회에 보내는 편지가 요한계시록 전체의 핵심이고, 이후의 환상은 그 편지에 대한 해설서라고 할 수 있습니다. 편지가 주제라면 환상이 주제 해설입니다. 앞으로 요한계시록을 읽을 때는 편지의 내용을 건성으로 읽지 말고 한 자 한 자 짚어가면서 정성껏 읽고, 그다음에 편지에서 제시하는 주제들을 환상에서 어떻게 해설하고 부연 설명을 하는지를 살펴보기 바랍니다.

일곱 교회에 보내는 편지는 요한계시록 2장과 3장에 나옵니다. 일곱 교회의 이름은 에베소, 서머나, 버가모, 두아디라, 사데, 빌라델비아, 라오디게아입니다. 이 일곱 교회는 당시 소아시아 지방에 실제로 있었던 교회입니다. 아마도 요한계시록을 쓴 요한이 감독하고 있었던 교회들이 아닌가 싶습니다.

요한은 일곱 교회에 편지를 써서 보냅니다. 정확하게 말하면 편지를 받는 대상은 일곱 교회가 아니라 일곱 교회를 지키는 천사들입니다. 교회를 지키는 천사들이 있습니다. 요한계시록의 일곱 교회는 실제로 있었던 교회이면서 동시에 이 땅에 등장하는 모든 교회를 대표하기도 합니다. 일곱이라는 숫자는 완전한 숫자이기 때문에 일곱 교회란 지상의 모든 교회를 가리킵니다.

요한계시록에 나오는 내용은 다 이런 식으로 해석됩니다. 요한계시록이 기록된 당시의 과거를 가리키면서 또한 이후의 모든 시대를 가리키기도 합니다. 예를 들면, 666이라는 숫자로 암호화된 짐승은 초대교회를 박해하던 로마 제국의 황제를 가리키면서 동시에 오고오는 모든 시대에서 기독교를 박해하는 악한 권세자를 가리키기도 합니다. 이렇게 요한계시록은 과거와 현재의 이중적 의미를 품고 있습니다.

일곱 교회에 보내는 편지는 정해진 틀에 따라 기록되어 있습니다. 제일 먼저 편지를 보내는 분인 예수님을 소개합니다. 그다음에는 각 교회에 칭찬과 책망의 말을 전합니다. 그리고는 회개하라고 촉구하기도 하고 잘 견디라고 권면하기도 합니다. 마지막으로는 승리하는 교회가 받을 축복을 전하며 마칩니다.

여기에서 중요한 것은 칭찬과 책망의 말입니다. 요한은 일곱 교회에 편지를 보내면서 각 교회마다 잘하는 점, 부족한 점을 지적하고 칭찬과 책망을 던집니다. 그리고 부족한 점에 대해서는 적절한 처방을 내려 줍니다. 여러분은 편지를 읽으면서 교회마다 무슨 칭찬을 하고, 무슨 책망을 하는가를 유심히 살펴보십시오.

• 에베소 교회

칭찬 - 악한 자들과 거짓 사도, 니골라 당을 물리쳤습니다.

책망 - 처음 사랑을 버렸습니다.

• 서머나 교회

칭찬 - 환난과 궁핍을 겪고 있지만 부요한 자입니다.

책망 - 없습니다.

• 버가모 교회

칭찬 - 안디바가 순교할 때도 믿음을 버리지 않았습니다.

책망 - 발람의 교훈과 니골라 당의 교훈을 지키는 자들이 있습니다.

• 두아디라 교회

칭찬 - 나중 행위가 처음 것보다 많습니다.

책망 - 거짓 선지자 이세벨을 용납했습니다.

• 사데 교회

칭찬 - 옷을 더럽히지 않은 자 몇 명이 있습니다.

책망 - 살았다 하는 이름은 가졌으나 실상은 죽은 자입니다.

• 빌라델비아 교회

칭찬 - 적은 능력을 가지고 말씀을 지켰습니다.

책망 - 없습니다.

• 라오디게아 교회

칭찬 - 하나도 없습니다.

책망 - 차지도 않고 뜨겁지도 않습니다.

예수님이 각 교회에 주는 칭찬과 책망의 말씀을 읽다 보면 마치 병원에서 건강진단을 받는 느낌이 듭니다. 건강진단을 받은 후에 의사가 몸이 건강한가 아니면 어느 곳이 안 좋은가 상세히 말해 줍니다. 몸이 안 좋을 때는 앞으로 어떤 조치를 취해야 할지 처방도 가르쳐 주지요. 그것처럼 예수님은 모든 교회의 신앙을 점검하고 적절한 조치를 취하도록 가르쳐 주고 있습니다.

여러분도 일곱 교회에 대한 예수님의 진단과 처방을 읽으면서 여러분의 교회, 혹은 여러분의 신앙은 어떤 교회와 비슷한가 생각해 보고 반성해 볼 필요가 있습니다.

편지의 내용으로 미루어 볼 때 교회에는 외부의 적과 내부의 적이 있음을 알게 됩니다. 외부의 적은 초대교회를 박해하는 로마 제국의 권력이지요. 서머나 교회에 보내는 편지의 한 대목을 읽어 봅시다.

> "너는 장차 받을 고난을 두려워하지 말라 볼지어다 마귀가 장차 너희 가운데에서 몇 사람을 옥에 던져 시험을 받게 하리니 너희가 십일 동안 환난을 받으리라"(2:10 앞).

'장차 받을 고난', '옥에 갇히는 시험', '열흘 동안의 환난' 등은 로마 제국의 혹독한 박해와 핍박을 말합니다.

교회 내부의 적도 있습니다. 이들은 교회 안에 침투해서 거짓 가르침으로 교인들을 미혹하는 무리입니다. 편지에서는 이들을 여러 가지로 표현하고 있습니다. '니골라 당'(2:6, 15)이라고도 하고, '자칭 사도'(2:2), '자칭 유대인'(2:9, 3:9), '발람의 교훈을 지키는 자들'(2:14), '자칭 선지자 이세벨'(2:20) 등으로 일컬어집니다. 요즘 말로 하면 이단, 사이비인 셈입니다.

깊이 생각해 보면 외부의 적보다 오히려 내부의 적이 더 감당하기 어려울 듯합니다. 외부의 적은 상대가 분명하지만 내부의 적은 가려내기가 쉽지 않기 때문입니다. 때리는 시어머니보다 말리는 시누이가 더 밉다고 하지요. 시누이는 말리는 척하면서 슬쩍슬쩍 손으로 꼬집고, 옆구리를 걷어차고 하니까 더욱 얄미운 법입니다.

거짓 가르침을 전하는 이들은 슬그머니 교회 안에 파고들어와서 교인들의 환심을 산 후에 교회를 혼란에 빠뜨리고 교회를 송두리째 사탄의 세력에 넘겨 버립니다. 그러므로 내부의 적을 조심해야 합니다. 외부의 적을 막아내려면 인내가 필요하지만 내부의 적을 몰아내려면 지혜와 분별력이 필요합니다. 오늘 우리의 시대에도 양의 탈을 쓰고 교회에 들어오는 이단, 사이비 세력을 경계해야 합니다.

외부의 박해 세력이든 내부의 미혹 세력이든 이들의 궁극적인 목표는 예수님의 교회를 파괴하고 없애는 것입니다. 요한계시록은 박해와 환난의 시대에 성도들이 할 일이 무엇인지를 분명히 가르쳐 주고 있습니다. 그것은 사탄의 세력에 맞서서 하나님의 교회, 예수님의 교회를 지키는 일입니다. 교회는 예수님이 머무는 견고한 성이고, 사탄과 싸우는 전초기지입니다. 전쟁에서 성이 무너지면 곤경에 처하게 됩니다. 이 때문에 사탄은 온갖 방법을 다 동원해서 교회를 무너뜨리려고 악을 씁니다.

예수님이 교회를 얼마나 사랑하고 아끼시는지를 보여 주는 대목이 있습니다. 요한이 환상에서 예수님의 음성을 들었을 때 제일 먼저 본 것은 '일곱 금촛대'(1:12)입니다. 예수님(인자 같은 이)은 일곱 촛대 사이에 서 계셨습니다. 요한은 예수님의 모습을 자세히 묘사합니다. 머리가 양털같이 희고, 눈은 불꽃 같고, 발은 빛나는 주석 같고, 음성은 물소리 같고 등등 죽 묘사를 하다가 마지막에 아주 중요한 말을 합니다. 예수님의 오른손에 일곱 별이 들려 있다는 사실입니다.

이 일곱 별과 앞의 일곱 촛대의 정체가 무엇인가요? 요한계시록 1장 20절에서 그 정체를 밝혀 줍니다. 일곱 촛대는 '일곱 교회'이고, 일곱 별은 '일곱 교회의 천사'입니다. 특히 일곱 촛대가 금으로 되어 있다는 것은 예수님이 이 땅의 모든 교회를 정금같이 소중히 여기신다는 증거입니다. 또한 예수님은 천사를 보내서 교회를 지키도록 해 주셨습니다. 예수님이 이렇게 교회를 사랑하고 아껴 주시니까 사탄이 질투할 만도 하겠지요. 사탄은 어떻게 해서라도 예수님과 교회 사이를 갈라 놓고, 할 수만 있으면 교회를 다 허물어 버리려고 발악을 합니다. 마지막 때 성도들의 사명은 교회를 지키는 일입니다. 하나님은 우리를 교회 지킴이로 세워 주셨습니다.

울지 마라, 어린 양이 있다

요한계시록을 읽을 때 주의할 점은 핵심적인 내용과 지엽적인 내용을 가려서 읽어야 한다는 것입니다. 별로 중요하지 않은 내용을 가지고 논쟁을 하다 보면 배가 산으로 올라가는 수가 있습니다.

그러면 중요한 내용인지 아닌지를 어떻게 판단하나요? 다 방법이 있습니다. 요한계시록은 중요한 내용을 말할 때는 먼저 '뜸들이기'를 합니다. 무슨 대회 같은 데서 최고상을 발표할 때도 한참 뜸을 들인 다음에 발표하잖아요.

예를 들면, 7장에서 흰옷 입은 무리가 등장합니다. 이들이 누구인가요? 장로 한 분이 요한에게 이들이 누구이고 어디서 왔느냐고 묻습니다. 요한이 모르겠다고 하니까 장로가 대답을 합니다. '이들은 큰 환난을 겪은 사람들인데 어린 양의 피로 그 옷을 희게 씻었다'고 말해 줍니다. 한 마디로 구원받은 무리라는 것이지요.

아니, 장로가 이들의 정체를 다 알고 있으면서 왜 요한에게 물어본 것일까요? 요한에게 창피를 주려고 그런 것은 아닐 테고요. 이런 게 바로 '뜸들이기'입니다. 덥석 정답을 얘기해 주는 것보다 질문을 던져서 궁금증을 일으킨 다음에 대답해 주면 더 기억에 오래 남습니다. 마지막 날에 누가 구원받을 것인가 하는 문제는 매우 중요한 주제이기 때문에 이렇게 '뜸들이기'를 하는 것입니다.

또 한 군데 '뜸들이기'가 있습니다. 요한계시록 5장에서 어린 양이 등장하는 장면입니다. 어린 양이 어떻게 등장합니까? 사회자가 "이제 어린 양을 소개하겠습니다. 여러분은 박수로 맞아 주시기 바랍니다" 이렇게 말하면 어린 양이 무대 뒤에서 손을 흔들며 나타나는가요?

먼저 보좌에 앉으신 분의 오른손에 두루마리 책이 있습니다. 보좌에 앉으신 분이 하나님이라는 사실은 다 알고 계시죠. 하나님의 오른손에 놓인 두루마리 책은 종말의 모든 비밀을 담고 있는 책입니다. 안타까운 것은 두루마리 책이 일곱 개의 도장(인)으로 봉해졌다는 사실입니다. 봉인을 떼어내야 두루마리의 내용을 읽을 수 있는데 봉인을 뗄 수 있는 이가 아무도 없습니다. 천사가 크게 외칩니다.

"봉인을 떼고 두루마리를 펼 분이 누구냐?"

아무도 없습니다. 온 세상을 샅샅이 뒤져도 두루마리의 봉인을 뗄 사람이 없습니다.

그다음 장면이 재미있습니다. 두루마리를 펼 사람이 없다는 것을 알고는 요한이 땅바닥에 퍼질러 앉아서 웁니다. 그냥 우는 게 아니고 큰 소리로 웁니다. 통곡을 하는 것이지요. 요한의 통곡 소리가 온 세상에 처량하게 울려퍼집니다. 두루마리 책을 펼 수 없다면 종말의 비밀을 알 수가 없고, 마지막 때에 성도들이 어떻게 처신해야 하는지도 알 수 없기 때문에 큰 낭패가 아닐 수 없습니다. 요한이 목을 놓아 우는 것도 이해가 됩니다.

이때 장로 한 분이 나타나서 요한에게 반가운 말을 들려 줍니다.

> "울지 말라 유대 지파의 사자 다윗의 뿌리가 이겼으니 그 두루마리와 그 일곱 인을 떼시리라"(5:5).

귀가 번쩍 뜨이는 소리입니다. 두루마리의 봉인을 뗄 수 있는 분이 있답니다. 그분이 누구입니까? 그분은 유대 지파에 속해 있고, 다윗의 후손이랍니다. 이 정도 얘기하면 알 만한 사람은 다 압니다. 장로의 말이 끝나자마자 '어린 양'이 등장합니다. 장로가 말한 '다윗의 뿌리'가 바로 '어린 양'입니다. 요한계시록에서 어린 양은 예수님을 상징하는 말입니다. 어린 양 예수님만이 두루마리의 봉인을 뗄 자격이 있습니다.

이렇게 어린 양이 등장하기 전에 '뜸들이기'를 많이 합니다. 천사가 두루마리의 봉인을 뗄 분이 누구냐고 질문을 던지고, 요한은 펑펑 울고, 장로 한 사람이 요한을 위로해 주고, 이렇게 한참 분위기를 띄운 다음에 어린 양이 화려하게 등장합니다. 이런 과정이 없이 곧장 어린 양이 등장하면 좀 싱겁겠지요. 이렇게 복잡하게 '뜸들이기'를 하는 까닭은 그만큼 어린 양의 존재가 중요한 주제이기 때문입니다. 요한계시록 전체에서 가장 중요한 분은 바로 어린 양 예수님이고, 예수님이 이 땅에 등장함으로 종말의 모든 비밀이 풀리게 된다는 것을 보여 주고 있습니다.

어린 양이 등장하기 이전에는 하나님께만 경배드리고, 영광과 찬송을 드렸는데 어린 양이 등장한 이후에는 '하나님'과 '어린 양'에게 경배를 드리고, 영광과 찬양을 드립니다. '하나님과 어린 양'이 항상 같이 쓰입니다. 구체적으로 살펴볼까요? 모든 피조물이 '보좌에 앉으신 이와 어린 양'에게 존귀와 영광과 권능을 드리는 찬송을 부릅니다(5:13). 땅의 모든 사람들이 산과 바위를 향해서 '보좌에 앉으신 이의 얼굴과 어린 양의 진노'에서 가려 달라고 애원합니다(6:16). 허다한 무리가 나타나서 '보좌에 앉으신 우리 하나님과 어린 양'에게 구원이 있다고 외칩니다(7:10). 시온 산에 서 있는 14만 4천 명의 이마에는 '어린 양의 이름과 그 아버지의 이름'이 같이 적혀 있습니다(14:1).

어린 양을 대신할 분이 없습니다. 요한계시록을 읽으면서 놓치지 말고 꼭 기억해야 할 점이 바로 이것입니다. 온 세상에 어린 양을 대신할 사람도 없고, 어린 양과 동등하게 겨룰 사람도 없고, 어린 양보다 높은 사람도 없습니다. 천사가 두루마리의 봉인을 떼기에 합당한 자가 누구냐고 물었을 때 요한계시록은 '하늘 위에나 땅 위에나 땅 아래에'(5:3) 어느 누구도 두루마리의 봉인을 뗄 자격을 갖춘 이가 없다고 말합니다.

'하늘 위', '땅 위', '땅 아래'라는 표현은 온 우주를 가리키는 말입니다. 성경에서는 온 우주를 셋으로 나누어서 하늘과 땅과 땅 아래로 표현합니다. 온 세상, 온 우주에 어린 양과 같은 자격을 가진 사람은 없습니다. 만약 누가 어린 양 예수님을 대신할 수 있다고 주장하면 그 사람은 이단이 틀림없습니다. 어린 양을 대신해서 요한계시록의 비밀을 풀 수 있다든지 어린 양을 대신해서 구원을 줄 수 있다든지 하는 주장을 펼치면 그것은 요한계시록의 핵심 주제를 송두리째 뒤집어 엎어버리는 것이니까 그런 사람은 절대 상대하지 마십시오.

사자와 어린 양 - 힘의 논리와 평화의 정신

요한계시록 5장에서 예수님이 등장하는 장면을 다시 한 번 살펴봅시다. 장로 한 분이 요한에게 "유대 지파의 사자 다윗의 뿌리가 이겼으니 그 두루마리와 그 일곱 인을 떼시리라"(5:5)고 말합니다. 그 말이 끝나자마자 요한의 눈에, 보좌 앞에 서 있는 '어린 양'의 모습이 보입니다. 여기에서 예수님을 상징하는 말이 두 가지로 나옵니다. '유대 지파의 사자 다윗의 뿌리'와 '어린 양'이 그것입니다.

'유대 지파의 사자 다윗의 뿌리'라는 말에는 유대인의 메시아 상이 반영되어 있습니다. 유대인들은 다윗의 후손 중에서 메시아가 태어날 것이라고 믿었습니다. 그래서 '다윗의 뿌리'라고 한 것이지요. 또한 다윗은 이스라엘 12지파 중에서 유대 지파에 속합니다. 그래서 '유대 지파의 사자'라고 했습니다. 왜 '유대 지파'라고 하지 않고 '유대 지파의 사자'라고 했을까요? 유대 지파의 상징이 '사자'이기 때문입니다. 이것은 야곱의 유언에서 유래되었습니다. 창세기 49장 9절을 보면, "유다는 사자 새끼로다 내 아들아 너는 움킨 것을 찢고 올라갔도다"라는 대목이 나오는데 여기에서 사자 상징이 생겨났습니다.

'사자'와 '어린 양'의 상징은 서로 대조적입니다. 그 중 '사자'의 상징은 유대인들이 생각하던 메시아의 모습입니다. 유대인들은 메시아를 '사자'로 생각했어요. 여러분, 사자라고 하면 어떤 느낌이 듭니까? 강하고, 힘이 있고, 용맹하고, 무섭고, 그런 것이죠. 사자가 한 번 부르짖으면 숲속의 동물들이 꼼짝을 못합니다. 유대인들은 메시아도 사자

같을 것이라고 생각했습니다. 메시아가 나타나면 이방인들도 꼼짝 못하게 하고, 강대국도 다 몰아내고 그래서 유대 민족이 해방과 독립을 얻게 될 것이라고 생각했습니다. 힘 있는 메시아 상이지요.

그러나 요한계시록에서는 예수님을 줄곧 '어린 양'으로 소개합니다. 5장 이후 '사자' 상징은 예수님의 모습에서 사라져 버리고, 대신 '어린 양' 상징이 계속 따라다닙니다. 이것으로 미루어 볼 때 요한계시록은 '사자' 상징을 폐기처분하고 새로이 '어린 양' 상징을 채택하고 있음을 알 수 있습니다.

'사자'가 유대교의 메시아 상이라면 '어린 양'은 기독교의 메시아 상입니다. 사자와 어린 양은 이미지가 정반대입니다. 사자가 힘있고, 사납고, 무서운 맹수의 이미지라면 어린 양은 힘없고, 약하고, 겁이 많고, 어쩌다가 사자나 이리 떼 같은 맹수의 습격을 당하면 속수무책으로 당하는 아주 연약한 이미지입니다. 유대인들은 지금까지 '사자의 정신'을 품고 살아 왔지만 예수님께서는 우리에게 '어린 양의 정신'을 가르쳐 주십니다.

어린 양을 소개하는 대목에서 이런 말씀이 나옵니다.

"한 어린 양이 서 있는데 일찍이 죽임을 당한 것 같더라"(5:6).

이 말씀을 깊이 묵상해 보아야 합니다. 어린 양이 '죽임을 당한 것 같다'고 했습니다. 어린 양은 힘이 없습니다. 사자가 와서 잡아 먹으면 꼼짝없이 먹힙니다. 맹수가 나타나면 달려들지도 못하고, 같이 물어뜯지도 못하고, 그저 불쌍하게 맹수의 밥이 되고 맙니다. '죽임을 당한 것 같다'는 말은 예수님의 십자가 죽음을 가리킵니다. 적대자들이 예수님을 잡아서 십자가에 매달아 죽일 때 예수님은 반항 한 번 하지 못하고 힘없이 죽어갑니다. 사자에게 물어뜯기는 어린 양과 같습니다.

어이없게도 요한계시록은 포악한 로마 제국에게 박해를 당하고 있는 초대 기독교인들에게 '사자의 정신' 아니라 '어린 양의 정신'을 가르쳐 주고 있습니다. 사자의 정신이 무엇입니까? 힘으로 맞서는 것입니다. 힘센 자에게는 힘으로 맞서고, 무력을 쓰는 자에게는 무력으로 맞서서 싸우는 것입니다. 그러기 위해서는 악한 세력보다 더 큰 힘을 키워야 합니다. 더 큰 힘으로 악의 세력을 꺾고 승리하는 것입니다. 이것은 위험천만한 생각입니다. 이런 논리에서 폭력의 악순환, 전쟁의 악순환이 계속되는 것입니다. 싸우면서 닮는다고 하지 않습니까?

그러나 어린 양의 정신은 다릅니다. 힘센 자에게 힘으로 대항하지 않습니다. 무력으로 맞서 싸우지 않습니다. 대신 기도로 맞서고, 사랑으로 대항합니다. 그러다가 감옥에 갇히고, 채찍에 맞고, 피 흘리며 순교합니다. 이게 어린 양의 정신이고, 예수님의 정신입니다. 달리 말하면, 어린 양의 정신은 '순교의 정신'이고, '평화의 정신'입니다. 거대한 로마 제국을 무너뜨릴 수 있는 힘이 여기에서 나옵니다.

개인적인 이야기를 하나 하겠습니다. 제가 신학생 때 교회에서 별명이 '오징어'였습니다. '오종윤'이라는 이름이 오징어라는 발음과 비슷하기 때문입니다. 처음에는 이 별명이 별로였는데 곰곰 생각해 보니까 괜찮아요. 오징어는 싸우지를 않습니다. 적이 나타나면 먹물을 뿌리고 달아나 버립니다. 철저한 평화주의자입니다. 이걸 알고 나니까 새삼 오징어란 별명이 좋아졌습니다.

이후에 오징어 사인을 만들어서 중·고등부 학생들에게 나누어 주었더니 아주 좋아했습니다. 어떤 학생은 그것을 보물딱지나 되는 것처럼 책갈피에 소중히 끼워 넣기도 했습니다. 오징어 사인은 주일학교에도 소문이 나서 주일학생들이 사인을 받으러 왔습니다. 저는 오징어 사인을 해주면서 오징어가 평화주의자라는 사실을 힘주어 강조했습니다. 주일학생들은 그게 더 재미있었던지 저를 만나면 "오징어 선생님, 오징어 선생님!" 하면서 쫓아다녔습니다. 제가 평화를 사랑하는 마음을 갖게 된 것은 어쩌면 필연적인 것인지도 모릅니다.

요한계시록은 당시 기독교인들에게 로마 제국과 맞서 싸우되 무력이나 전쟁이 아니라 순교의 신앙과 평화의 마음을 가지고 싸우라고 가르쳐 줍니다. 로마 제국은 겉으로는 평화를 외치지만 실상은 평화와는 거리가 먼 전쟁과 파괴의 세력이었습니다. 이것은 다음에 나오는 네 가지의 말과 말 탄 자의 환상에서 분명히 드러납니다. 반면에 초대 기독교는 전쟁과 무력을 배격하고 평화를 사랑하는 평화의 세력으로 자처했습니다.

전쟁의 세력과 평화의 세력이 서로 맞붙으면 어떻게 될까요? 처음에는 전쟁의 세력이 승승장구하는 것 같지만 나중에는 평화의 세력이 반드시 승리하게 됩니다. 요한계시록이 전해 주는 순교 신앙과 평화 사상은 우리 기독교가 온 세상에 전파해야 할 소중한 가르침입니다.

전쟁을 색깔로 표시하면 - 로마의 거짓 평화

한동안 복음을 색깔로 표시한 전도지가 유행한 적이 있었습니다. 색종이를 가지고 복음을 설명하는 것이지요. 우선 검은색은 우리의 죄를 상징합니다. 그다음에 빨간색은 예수님의 피를 상징합니다. 하얀색은 예수님의 피로 우리의 죄가 씻어져서 깨끗하게 된 것을 말합니다. 마지막으로 황금색은 천국을 가리킵니다. 죄를 씻은 우리는 황금처럼 찬란하고 아름다운 천국에 가게 된다는 것이지요.

네 가지의 색깔로 복음의 핵심을 이렇게 간단하게 정리한 것은 탁월한 발상입니다.

만약 전쟁을 색깔로 표시하면 어떻게 될까요? 요한계시록에는 전쟁을 색깔로 표시한 내용이 나옵니다. 궁금하지요? 일곱 봉인 중에서 네 개의 봉인을 뗄 때마다 말과 말을 탄 사람이 등장하는데 이때 나타나는 말의 색깔이 각각 다릅니다. 첫째 말은 흰색, 둘째 말은 붉은색, 셋째 말은 검은색, 넷째 말은 청황색입니다.

이 말들의 색깔은 무엇을 의미할까요? 흰색은 승리를 뜻합니다. 전쟁에서 계속 승리를 거둔다는 것입니다. 붉은색은 살육을 뜻합니다. 전쟁에서 수많은 사람들이 붉은 피를 흘리고 죽어가는 광경을 생각하면 됩니다. 검은색은 굶주림을 가리킵니다. 먹을 것이 없어서 굶주림에 시달린 사람들의 얼굴이 거무튀튀해졌습니다. 마지막 청황색은 푸른색입니다. 이것은 죽음을 상징합니다. 사람이 죽으면 얼굴에 핏기가 없고 푸르딩딩해집니다. 그냥 평안하게 죽은 사람은 얼굴도 뽀

약고 괜찮겠지만 전쟁통에 칼에 찔려 죽거나 굶어 죽은 사람은 시퍼런 멍이 든 것처럼 얼굴도 처참하게 생겼을 것입니다.

요한은 이렇게 전쟁의 참상을 네 가지의 색깔로 보여 주고 있는데 그 상상력이 탁월하지 않습니까?

요한은 더 나아가서 전쟁을 네 가지의 물건으로 형상화하고 있습니다. 말을 탄 기사들은 각기 한 가지씩 물건을 들고 있습니다. 이 물건들 역시 전쟁을 상징합니다.

첫 번째 기사는 활과 면류관을 가지고 있습니다. 활은 전쟁 무기이고, 면류관은 승리하는 사람에게 씌워 주는 것 아닙니까? 전쟁을 치를 때마다 계속해서 승리를 거둔다는 뜻입니다. 두 번째 기사는 큰 칼을 가지고 있습니다. 칼은 무자비한 살상을 뜻합니다. 큰 칼을 휘둘러서 수많은 사람들을 죽여 버린다는 것입니다. 세 번째 기사는 저울을 가지고 있습니다. 이것은 식량이 모자라는 것을 상징합니다. 시장에서 음식물을 살 때 저울에 달아 주지 않습니까? 전쟁이 일어나면 식량이 모자라서 저울에 달아 주는 양이 줄어듭니다. 그래서 저울은 식량 사정이 극도로 어렵다는 것을 보여 줍니다. 네 번째 기사는 물건을 들고 있는 것이 아니라 그 뒤에 따라오는 것이 있습니다. 지옥이 따라옵니다. 우리말 성경에는 음부(陰府)라고 번역이 되어 있지요. 죽은 사람들이 가는 곳이 음부입니다. 음부가 하인처럼 따라다닌다는 것은 죽음의 세계를 사람처럼 묘사한 것입니다. 저승사자를 데리고 다니는 것이나 마찬가지입니다.

어떻습니까? 활과 면류관, 큰 칼, 저울, 음부, 이렇게 몇 가지의 사물로 전쟁의 비참한 모습을 실감나게 보여 주는 것이 놀랍지 않습니까?

전쟁의 참상을 읊은 시 한 편을 소개하겠습니다. 김준태 시인의 '감꽃'입니다.

> 어릴 적엔 떨어지는 감꽃을 셌지.
> 전쟁통엔 죽은 병사들의 머리를 세고
> 지금은 엄지에 침 발라 돈을 세지.
> 그런데 먼 훗날엔 무엇을 셀까 몰라.

'전쟁통엔 죽은 병사들의 머리를 세고'라는 표현이 압권입니다. 동네 아이들이 죽은 병사들의 머리통을 세고 다닐 정도라면 얼마나 많은 군인들이 죽어서 널브러졌을지 짐작이 가지 않습니까?

로마 제국은 당시 지중해 전역을 장악하고 광활한 지역을 정복한 후에 로마 제국 전체를 평화로 다스리고 있노라고 선전을 했습니다. '로마의 평화'(팍스 로마나)라는 구호가 바로 그것입니다. 그러나 로마의 평화라는 말은 사람을 속이는 거짓 구호에 불과합니다. 로마 제국은 오로지 전쟁으로 주변 민족들을 정복했고, 로마에 저항하는 세력은 무력으로 진압했습니다. 로마 제국을 유지하는 힘은 전쟁과 무력입니다. 이것은 평화와는 거리가 먼 것입니다. 로마 제국이 말로는 평화를 외치지만 실상은 평화를 철저하게 파괴하고 있습니다. 로마가 말하는 평화는 거짓 평화이고, 로마는 평화의 제국이 아니라 전쟁의 제국이고, 무력의 제국입니다.

요한계시록은 로마 제국의 실상을 적나라하게 폭로하고 있습니다. 요한계시록은 로마 제국이 쓰고 있는 가면을 벗겨내고, 그 뒤에 숨겨져 있는 포악한 모습을 만천하에 드러냅니다. 요한계시록은 네 말과 그 기사들의 상징을 가지고 로마 제국이 세상의 평화를 파괴하는 전쟁 세력임을 낱낱이 보여 주고 있습니다.

로마 제국의 전쟁 이야기는 일곱 봉인, 일곱 나팔, 일곱 대접으로 이어지는 재앙 시리즈의 제일 첫머리에 나옵니다. 그 이유가 무엇인지 대강 알아차리겠지요? 왜 하나님이 재앙을 내릴 수밖에 없는지를 설명해 주기 위해서입니다. 온 세상을 전쟁으로 휩쓸고, 수많은 사람들을 죽음과 굶주림과 고통 속으로 몰아넣는 로마 제국이 하나님의 심판과 재앙을 당하는 것은 너무나 당연한 일입니다.

평화를 파괴하는 전쟁의 세력인 로마 제국의 죄악이 극에 달해서 하나님께서 도저히 참을 수 없는 지경에까지 이르렀습니다. 이제 평화를 파괴하는 로마 세력을 꺾고 하나님께서 이 땅에 참된 평화를 선포할 때가 임박했습니다. 요한계시록은 먼저 로마 제국의 악행을 보여 준 다음에 이어서 이를 심판하기 위하여 하나님이 쏟아 부을 여러 가지 재앙들을 차례차례 보여 주고 있습니다.

악인들이 당할 재앙

요한계시록은 9장에서 하나님의 인을 받지 못한 악인들이 당할 재앙을 실감나게 보여줍니다. 그것은 ① 황충 요괴의 재앙과 ② 살인기병대의 재앙입니다.

(1) 황충 요괴

하늘에서 떨어진 별이 무저갱의 자물쇠를 엽니다. 무저갱은 바닥이 없는 구덩이라는 뜻으로 사탄이 갇혀 있는 지하감옥입니다. 무저갱이 열리자 연기가 뿜어져 나오는데 연기 속에서 황충(메뚜기)의 떼가 쏟아져 나옵니다.

무저갱에서 올라온 메뚜기 떼는 실제적인 메뚜기와 전혀 다릅니다. 실제 메뚜기는 단지 떼를 지어 다니는 것 때문에 공포의 대상이 되지만 무저갱에서 나온 메뚜기는 떼를 지어 다니는 것뿐만 아니라 꼬리에 전갈의 독을 갖고 있습니다. 한 번 쏘이면 그대로 치명상을 입히는 무서운 독을 지닌 말벌 떼가 수천만 마리씩 몰려든다고 생각해 보십시오. 끔찍하지요. 이렇게 독을 지닌 황충 떼가 수천, 수만 마리씩 떼를 지어 다니면서 사람들을 쏘아대니 그 고통이 얼마나 심할까요?

이 황충은 '여자의 머리털과 사자의 이빨'(9:8)을 지니고 있다고 합니다. 여자의 머리털은 사람을 홀리는 요사스러운 성품을 가리키고, 사자의 이빨은 사람을 물어뜯는 잔인하고 포악한 성품을 가리킵니다. 황충은 사람을 만나면 아름다운 머리칼로 홀려서 혼을 반쯤 빼놓은 다음에 갑자기 달려들어서 사자의 이빨로 사납게 물어뜯습니다. 여자의 머리칼을 생각하면 요물 같기도 하고, 사자의 이빨을 생각하면 괴물 같기도 합니다. 요물과 괴물의 결합, 다름아닌 요괴입니다. 이것이 바로 황충의 실체입니다.

황충 요괴는 무서운 파괴력을 지니고 있습니다. 황충 요괴에 쏘였다 하면 죽는 것만큼이나 고통스럽습니다. 차라리 죽는 게 낫다고 할 정도지만 절대 죽지는 않습니다. 지옥의 고통이 따로 없습니다. 이 황충 요괴를 지배하는 우두머리의 이름이 '파괴자'입니다. 히브리어로는 '아바돈'이고, 헬라어로는 '아볼루온'입니다. 사람의 영혼과 육신을 파괴하는 세력입니다.

다행히 이 '황충 요괴'를 지배하는 분은 하나님이십니다. 황충 요괴는 무서운 파괴력을 지니고 있지만 그 영역이 무제한은 아닙니다. 하나님은 이 요괴가 사람만을 괴롭히도록 제한하고 있고, 사람 중에서도 하나님의 인을 받지 않은 사람만 골라서 괴롭히도록 엄격하게 제한하고 있습니다. 황충 요괴가 아무리 무섭고 잔인해도 두려워할 것이 없습니다. 하나님의 인을 받은 무리에게는 황충 요괴의 독이 아무런 힘을 발휘하지 못하기 때문입니다.

(2) 살인기병대

황충 요괴에 이어서 기병대가 등장합니다. 이 기병대의 숫자는 '이만 만'(9:16)이라고 합니다. 이만 만은 이 억이라는 숫자를 풀어쓴 것입니다. 기병대가 맡은 임무는 땅에 있는 사람의 1/3을 죽이는 일입니다. 살인 면허를 받은 것이죠. 기병대가 탄 말의 입에서는 불과 연기와 유황이 나와서 사람들을 살라 버립니다. 불에 살라 죽는 사람들은 하나님의 인을 받지 못한 사람들입니다.

황충 요괴와 살인기병대의 차이가 무엇입니까? 황충 요괴는 사람들을 괴롭히기는 하지만 죽이지는 못합니다. 그러나 살인기병대는 사람들을 괴롭히면서 또한 죽이기까지 합니다. 싹쓸이로 다 죽이는 것은 아니고 1/3만 죽입니다.

하나님께서 황충 요괴와 살인기병대의 활동을 묵인하시는 이유가 무엇일까요? 그 해답이 20절에 나와 있습니다.

> "이 재앙에 죽지 않고 남은 사람들은 손으로 행한 일을 회개하지 아니하고."

바로 이것입니다. 하나님께서 원하시는 것은 사람들이 회개하는 것입니다. 황충 요괴나 살인기병대를 보내신 까닭도 사람들에게 고통을 주고 재앙을 주려는 것이 아니라 어떻게 해서든지 한 영혼이라도 더 회개하고 구원 얻게 하시려는 것입니다. 사람들의 영혼을 지극히 사랑하고 아끼시는 하나님의 자비와 긍휼을 만민들이 헤아려 준다면 오죽 좋을까요?

박해의 때는 증언의 때

요한계시록 10장과 11장은 서로 연결해서 읽어야 합니다. 10장에는 요한이 천사의 손에 있는 작은 책을 받아먹는 이야기가 나오고, 11장에는 두 증인이 3년 반 동안 예언하는 이야기가 나옵니다. 두 이야기의 공통점은 '예언하는 것'입니다. 천사는 책을 받아먹은 요한에게 '많은 백성과 나라와 방언과 임금에게 다시 예언하여야 한다'(10:11)고 말합니다. 그리고 두 증인은 이방인이 성전을 짓밟는 동안 굵은 베옷을 입고 1,260일 동안 '예언합니다'(11:3).

'예언한다'는 말은 '증언한다'는 말로 바꾸어 읽으면 이해하기가 쉬울 것입니다. 박해의 때 교회가 맡은 사명은 세상에 증언하는 일입니다. 요한이 책을 받아먹는 이야기는 개인의 사명을 말하고, 두 증인은 교회의 사명을 말합니다. 개인이든 교회든 박해 시대에 위축되지 않고 더욱더 강하게 세상을 향해 복음을 증거하는 일이 필요합니다.

박해의 때는 어떤 때인가요? 인내하는 때이지요. 믿음을 잘 지켜야 하는 때입니다. 그러나 요한계시록에서는 좀더 적극적으로 박해의 때는 증언의 때라고 말합니다. 박해를 받으면 대개 의기소침하고 자신의 신앙을 지키기에 급급합니다. 어떤 이들은 신앙을 포기하거나 열심을 잃어버리기도 합니다. 이런 상황에서는 자신의 신앙을 온전하게 지키는 것만 해도 대견스러운 일입니다.

그러나 요한계시록은 거기에 만족하지 않습니다. 무서운 박해를 받을수록 교회는 더욱더 복음을 증거하는 일에 힘써야 한다는 것입니다. 숨어서 기도만 하는 것이 아니라 세상에 나가서 당당하게 복음을 전해야 합니다. 이렇게 요한계시록은 인내하는 교회 상을 뛰어넘는 '증거하는 교회 상'을 제시하고 있습니다.

사탄의 정체를 밝히노라

어린이들이 좋아하는 소설 《오즈의 마법사》를 아시지요? 영화와 노래극으로도 만들어져서 전 세계적으로 유명해진 소설입니다. 착한 소녀 도로시가 허수아비, 겁쟁이 사자, 양철 나무꾼을 데리고 오즈의 마법사를 찾아갑니다. 다들 오즈의 마법사를 찾아가면 자기들의 소원을 들어줄 것이라는 희망을 품고 갔지요. 그런데 결말이 엉뚱합니다. 오즈의 마법사는 소문과는 달리 가짜였습니다. 키도 작고 볼품없는 노인에 불과했습니다. 그 노인은 속임수를 써서 지금까지 위대한 마법사인 양 행세를 해 왔던 것입니다. 오즈의 마법사는 도로시 일행에게 자기의 정체를 다른 사람들에게 말하지 말라고 애원합니다. 그 모습이 가련하기까지 합니다.

요한계시록에서는 사탄의 세력이 하나님의 교회를 없애려고 날뛰고 있는 모습을 보여 줍니다. 사탄은 성도들을 무섭게 박해해서 신앙을 꺾어 놓으려고 합니다. 사탄의 광분한 모습에 자칫 성도들이 겁을 먹고 신앙이 움츠러들 수도 있습니다. 요한계시록은 사탄의 정체를 폭로합니다. 《오즈의 마법사》에서 도로시 일행은 가짜 마법사의 부탁을 듣고 그의 정체를 아무에게도 말하지 않지만 요한계시록에서는 사탄의 정체를 모든 성도들에게 폭로합니다. 그래야 성도들이 사탄을 보고도 겁을 먹지 않을 테니까요.

사탄의 정체가 무엇인가요? 하늘의 전쟁에서 패하고 쫓겨난 존재입니다. 이 부분은 중요하니까 성경을 직접 읽어 봅시다. 12장 7-9절입니다.

> "하늘에 전쟁이 있으니 미가엘과 그의 사자들이 용과 더불어 싸울새 용과 그의 사자들도 싸우나 이기지 못하여 다시 하늘에서 그들이 있을 곳을 얻지 못한지라 큰 용이 내쫓기니 옛 뱀 곧 마귀라고도 하고 사탄이라고도 하며 온 천하를 꾀는 자라 그가 땅으로 내쫓기니 그의 사자들도 그와 함께 내쫓기니라."

사탄이 하나님께 도전을 해서 하늘에 큰 전쟁이 벌어졌습니다. 사탄의 군대와 미가엘 천사장의 군대가 맞붙었지요. 결과가 어떻게 되었을까요? 사탄의 군대가 여지없이 패했습니다. 감히 하나님의 군대에 대항을 하다니 될 법이나 한 소리입니까? 하늘에서 패한 사탄은 땅으로 쫓겨났습니다. 사탄은 패장이고 사탄의 군대는 패잔병들입니다.

판소리 적벽가를 보면 적벽대전에서 패한 조조의 처량한 모습이 나옵니다. 새가 푸드득 나는 소리만 들어도 복병인가 의심하고, 가랑잎이 떨어지는 소리만 들어도 깜짝 놀라서 목을 움츠립니다. 남은 병사들이라고는 성한 놈이 하나도 없습니다. 점호를 하는데 이름들이 재미있습니다. 골 내종이, 박 덜렝이, 왕 덩방이, 구 먹쇠, 목 움출이 등등 다 이런 식입니다. 볼 만하지요. 사탄이 이 땅에 몰고 온 졸개들도 다 이 모양입니다. 하늘에서 쫓겨난 패잔병들의 꼴이 오죽하겠습니까?

사탄이 이런 오합지졸들을 데리고 다시 전쟁을 치르겠다고 하니 결과는 안 봐도 뻔하지요. 열 번 싸우면 열 번 지고, 백 번 싸우면 백 번 질 겁니다. 이런 사실을 알고 나면 사탄이 아무리 발악을 해도 우리는 조금도 겁먹을 것이 없습니다. 하나님을 섬기는 성도들이 이 땅에서 사탄의 세력과 싸우는 것은 너절한 패잔병의 무리들과 싸우는 것입니다. 이런 무리들은 우리가 눈만 흘겨봐도 오줌을 저리고, 기침만 조금 크게 해도 뒤로 나자빠지고, 주먹을 한 번 휘두르면 저 십 리 밖으로 줄행랑을 칠 놈들입니다.

"다리 부러진 장수 성 안에서 호령한다"는 말이 있습니다. 성문을 굳게 닫고 성 안에서 적군을 향해 호령을 하는 장수가 겉으로는 대단히 용맹스럽게 보이지만 지난번 전투에서 다리가 부러져서 힘을 제대로 쓰지 못하고 혹시라도 적이 쳐들어올까봐 전전긍긍하는 겁쟁이 장수에 불과합니다. 우리가 상대하는 사탄도 마찬가지입니다. 하늘의 전쟁에서 패하고 이 땅에 쫓겨온 패장이 바로 사탄입니다. 이런 사탄에게 겁을 먹는다는 것은 부끄러운 일이 아닐 수 없습니다.

사탄의 정체를 밝히는 내용이 요한계시록 20장에 또 나옵니다. 유명한 천년왕국 이야기지요. 이 내용을 잠깐 요약해 보겠습니다.

천사가 사탄을 사로잡아서 큰 쇠사슬로 묶은 다음에 무저갱 속에 집어넣습니다. 무저갱은 바닥이 안 보일 정도로 땅 속 깊숙이 뚫려 있는 굴입니다. 사탄은 무저갱 속에 천 년 동안 갇혀 있다가 천 년이 찬 이후에 잠깐 동안 풀려납니다. 무저갱에서 풀려난 사탄은 세상의 백성들을 모아서 성도들에게 대항을 하다가 또다시 사로잡혀서 이제는 불못에 던져집니다.

사탄이 천 년 동안 갇혀 있던 무저갱은 일종의 임시감옥입니다. 사탄은 사형 선고를 받고 임시감옥에 갇혀 있다가 잠시 동안 특별 가석방을 허락받았습니다. 가석방 기간에는 근신하고 지내야 될 것 아닙니까? 아니면 영화 '만추'처럼 아름다운 추억을 만들고 떠나든지요. 개가 제 버릇 못 고치듯이 사탄은 그 잠깐 사이를 못 참고 또다시 똘마니들을 모아서 못된 짓을 꾸밉니다. 마치 유명한 은행 강도가 출옥하자마자 옛날 패거리들을 다시 모아서 마지막으로 크게 한탕 벌여서 먼 곳으로 튀어버리자고 하는 것과 같습니다. 그러나 사탄의 음모는 실패로 끝나고 다시 붙잡혀서 사형선고를 당하게 됩니다. 유황불이 타는 불못은 사탄의 사형장입니다.

사탄의 정체가 분명해졌습니다. 사탄은 감옥에서 가석방된 흉악범입니다. 옛날 버릇을 못 버리고 또다시 흉악한 범죄를 꾸미고 있습니다. 그러나 하나님께서 이 모든 것들을 샅샅이 들여다보고 있다는 사실을 사탄 자신은 모르고 있습니다. 여차하면 하나님께서는 사탄의 가석방을 취소하고 다시 감옥으로 끌고 가게 됩니다. 그러니 사탄을 무서워할 필요가 없습니다. 사탄은 기껏해야 감옥에서 잠시 풀려나서 뒷골목을 어슬렁거리는 가련한 존재일 뿐입니다. 왕년에는 알아

주었는지 모르지만 지금은 한물간 존재입니다.

앞에서 말한 사탄의 이력서를 요한계시록 17장 8절에서는 이렇게 요약합니다. '전에 있었다가 지금은 없으나 장차 무저갱으로부터 올라와 멸망으로 들어갈 자'라고! 이것은 음녀가 탄 짐승에 대한 말이지만 사탄에게도 그대로 적용이 됩니다. 우선 전에는 있었다가 지금은 없다고 합니다. 지금은 무저갱 감옥에 갇혀 있으니까 없지요. 그러나 장차 무저갱에서 올라온다고 합니다. 천 년의 감옥살이가 끝나면 잠시 가석방으로 풀려난다고 했지요. 그다음 말이 중요합니다. 무저갱에서 올라온 다음에 '멸망으로 들어간다'고 합니다. 또다시 하나님께 대항했다가 결국에는 영원한 멸망으로 빠져듭니다. 이게 사탄의 운명입니다.

사탄은 온갖 재주를 다 부리지만 마지막에는 파멸과 죽음을 면치 못합니다. 지금은 권세가 하늘을 찌를 듯하고 승승장구하는 것 같지만 결국에는 멸망에 들어갈 자가 바로 사탄입니다. 이것을 알면 사탄을 두려워할 필요가 없습니다. 그러니 성도들이여, 사탄 앞에서 겁을 내지 맙시다. 사탄이 아무리 우리를 핍박하더라도 위축되거나 주눅 들지 맙시다. 사탄은 패배하고 멸망으로 치닫지만 우리는 승리하고 영생을 누리게 됩니다.

로마 제국의 배후를 캐면

예전에 '존. F. 케네디'라는 영화를 감명 깊게 본 적이 있습니다. 미국의 케네디 대통령이 암살당했잖아요. 그 암살의 배후를 밝히는 내용입니다. 재판에서 법정 다툼을 하는 형식으로 되어 있는데 케네디 암살에 배후가 있다고 주장하는 변호인단은 암살의 배후로 월남전이 계속되기를 원하는 공화당 세력을 비롯하여 전쟁이 계속되어야 돈을 버는 무기회사, CIA 등등을 지목합니다. 이들이 어떻게 공모하여 암살 계획을 세우고 이를 감쪽같이 실행에 옮기고, 또한 조직적으로 은폐했는가를 낱낱이 파헤치고 있습니다.

멀리 갈 것도 없이 우리나라에서도 김구 선생이 암살당했지요. 범인은 안두희라는 육군 소령이었습니다. 그러나 안두희의 단독 범행이라고 믿는 사람은 아무도 없었습니다. 안두희는 감옥에 갇혔지만 금방 풀려나고 버젓이 살아서 돌아다녔습니다. 대다수의 사람들은 암살의 배후 인물로 당시 이승만 대통령을 떠올렸지만 증거가 없었습니다. 안두희가 입을 열어야 하는데 그 사람은 죽을 때까지 입을 굳게 다물었습니다. 김구 선생의 암살 사건은 끝내 미궁에 빠지고 말았습니다. 배후를 밝히는 일은 이렇게 어려운 일입니다.

요한계시록에서도 배후를 밝히는 일이 나옵니다. 누구의 배후입니까? 로마 제국의 배후입니다. 황제 숭배를 강요하며 기독교인들을 혹독하게 박해하는 로마 제국에도 배후가 있습니다.

요한계시록 12장을 보면 용이 등장하고 이어서 13장에는 두 짐승이 등장합니다. 두 짐승 중에서 바다에서 나온 첫째 짐승이 중요합니다. 용은 사탄을 상징하고, 첫째 짐승은 로마 황제를 가리킵니다. 용과 짐승의 관계는 무엇인가요? 용은 하늘에서 미가엘 천사장과 싸움을 벌였다가 패배하고 땅으로 쫓겨납니다. 땅으로 쫓겨난 용은 짐승에게 자기의 모든 능력과 권세를 줍니다. 용의 권세를 받은 짐승은 이 땅에서 성도들을 박해하는 일에 나섭니다. 이제 용과 짐승의 관계를 알겠지요. 용이 자기의 권세를 짐승에게 주었으니까 용이 주인이고 짐승은 그 하수인입니다. 속된 말로 용이 오야붕이라면 짐승은 꼬붕입니다.

한 마디로 짐승의 배후는 용입니다. 로마 제국의 배후는 사탄입니다! 요한계시록은 로마 제국의 배후가 사탄이라는 이 충격적인 사실을 온 천하에 선포하고 있습니다. 로마 제국이 기독교인들에게 황제 숭배를 강요하고 기독교를 탄압하는 것은 단순히 로마 황제의 권력욕이나 자기과시욕에서 나온 것이 아닙니다. 그것은 사탄이 세계를 자기 손아귀에 쥐고 지배하려는 음모에서 비롯된 것입니다.

사탄은 로마 제국을 하수인으로 삼아서 자신의 악한 뜻을 이 땅에 심으려는 야욕을 품고 있습니다. 결국 로마 제국과 싸우는 것은 영적으로 보면 사탄과 싸우는 것입니다. 기독교인이 로마 제국에 저항하는 것은 사탄의 악한 음모를 꺾고 사탄이 이 세상을 지배하지 못하도록 하는 영적 전쟁인 셈입니다.

사탄은 예나 지금이나 이렇게 세상의 권력을 이용해서 하나님의 종들과 대결을 벌입니다. 세상의 악한 권력의 배후에는 사탄이 숨어 있습니다. 네로와 도미티안 같은 로마 황제를 비롯해서 독일의 히틀러, 일제 강점기의 일왕 등은 사탄의 하수인입니다. 이들에게 굴복하는 것은 결국 사탄에게 경배하는 것이 되고, 이들에게 저항하는 것은 사탄의 악한 음모를 막아내는 것이 됩니다.

나훈아가 온다고? - 사탄의 흉내내기

언젠가 차를 타고 시내를 가는데 벽보판에 나훈아가 공연을 한다는 벽보가 붙어 있었습니다. 7080세대치고 나훈아 안 좋아하는 사람은 별로 없을 것입니다. 나훈아 공연이나 한번 가볼까 이런 생각을 하다가 시내에서 일을 보고 다시 차를 타고 오면서 자세히 보니까 나훈아가 아니라 너훈아였습니다. 나훈아와 너훈아는 글자로는 점 하나 차이지만 전혀 다른 사람이지요. 아 다르고 어 다르다는 말이 딱 맞습니다.

요즘 세상은 가짜도 많고, 복제품도 많아서 저같이 순진한 사람은 속아 넘어가기 십상입니다. 어떤 도둑이 박물관에서 문화재를 훔쳤는데 나중에 알고 보니 복제품이더랍니다. 중국은 가짜가 엄청 많은데 화폐도 가짜가 많답니다. 그래서 은행 같은 데서는 가짜 돈을 가려내는 기계를 갖추어 놓는데 때로는 그 기계도 가짜가 있답니다.

세상만 가짜가 있는 것이 아니라 신앙의 세계에도 가짜, 사이비가 많습니다. 요한계시록 13장을 보면 두 짐승이 등장하는데 이게 진짜 행세를 하는 가짜들입니다. 두 짐승 중에서 처음 짐승은 바다에서 나옵니다. 처음 짐승은 로마 황제를 가리키는 것이 분명합니다. 재미있는 것은 이 짐승의 머리가 상하여 죽게 되었다가 그 상처가 깨끗이 낫게 되었다는 것입니다(13:3). 이것은 예수님의 십자가 죽음을 흉내

내는 것입니다.

예수님은 죽었다가 다시 살아나신 분입니다(1:18). 짐승이 예수님의 죽음과 부활을 흉내 내서 머리에 치명적인 상처를 입었다가 깨끗이 낫게 되니까 세상 사람들이 놀라서 입이 쫙 벌어집니다. 그러나 예수님의 죽음과 짐승의 상처는 질적으로 다릅니다. 예수님은 완전히 죽었다가 다시 살아나셨지만 짐승은 죽을 뻔했다가 다시 회복되었습니다. 완전히 죽은 것하고 죽을 뻔했던 것하고는 비슷한 것 같지만 전혀 다른 것입니다. 예수님은 진짜로 죽었지만 짐승은 죽는 시늉만 했을 뿐입니다. 흔히 죽으라면 죽는 시늉까지 한다는 말을 하지요. 바로 그것입니다. 짐승은 죽지는 않고 죽는 시늉만 한 것입니다. 죽는 시늉에 속아 넘어간 사람들이 많습니다.

처음 짐승의 배후에는 용이 있습니다. 용은 사탄의 상징입니다. 용이 자기의 능력과 보좌와 권세를 처음 짐승에게 주었다고 합니다. 이것은 용이 하나님 행세를 하고 있다는 증거입니다. 마치 하나님께서 예수님에게 모든 능력과 권세를 다 주신 것처럼 사탄도 자기의 하수인인 세상 권세자에게 모든 권세를 주면서 하나님 노릇을 하고 있는 것입니다. 그러나 권세라고 해서 다 똑같은 권세가 아닙니다. 용이 준 권세는 하루아침에 물거품처럼 사라져 버리지만 하나님의 권세는 영원무궁토록 무너지지 않습니다.

처음 짐승에 이어서 둘째 짐승이 땅에서 등장합니다. 둘째 짐승은 거짓 예언자입니다. 둘째 짐승은 어린 양같이 두 뿔이 있다고 합니다(13:11). 여기에서 어린 양이라는 말은 예수님을 가리키는 어린 양과 똑같은 말입니다. 헬라어로 '아르니온'인데 둘 다 똑같이 아르니온이라는 말을 쓰기 때문에 분간하기가 어렵습니다. 이 때문에 예전 개역 성경에서는 예수님을 가리키는 어린 양과 구별하기 위해서 '새끼 양'이라고 번역했는데 김철손 교수는 굳이 그렇게 구별해서 번역할 필요가 없다고 말합니다. 어차피 거짓 선지자인 둘째 짐승이 예수님을 흉내 내려고 같은 말을 쓴 것인데 다른 말로 번역하면 독자들이 혼동할 우려가 있다는 것입니다.

더 기가 막힌 것이 있습니다. 사람들의 이마와 오른손에 짐승의 표를 받게 하는 것입니다. 우리가 잘 아는 666이 바로 짐승의 표입니다. 이것은 하나님의 인을 흉내 낸 것입니다. 7장에서 천사가 하나님의 종들의 이마에 하나님의 인을 칩니다. 인을 치는 것은 하나님의 소유라는 표시이고, 또한 하나님의 보호를 약속하는 것입니다. 짐승은 이를 흉내 내서 짐승의 표를 받게 합니다. 하나님은 종들의 이마에 인을 치셨는데 짐승은 한 술 더 떠서 사람들의 이마와 오른손에도 표를 받게 합니다. 별의별 흉내를 다 냅니다.

이렇게 용과 첫째 짐승, 둘째 짐승이 어우러져서 땅에 있는 사람들에게 경배를 강요합니다. 학자들은 용과 첫째 짐승, 둘째 짐승을 사탄의 삼위일체라고 부릅니다. 성부 하나님과 성자 예수님, 그리고 성령님이 삼위일체 하나님을 이루듯이 사탄도 그것을 모방해서 사탄의 삼위일체를 이루고 있습니다.

이렇게 사탄은 흉내내기의 달인이고, 짝퉁의 천재입니다. 그렇기 때문에 진짜와 가짜를 가려내기가 쉽지 않습니다. 진짜 죽은 자와 가짜로 죽은 자, 진짜 어린 양과 가짜 어린 양, 진짜 삼위일체와 가짜 삼위일체를 읓짝 가르듯이 명쾌하게 가르기가 여간 어려운 게 아닙니다. 저같이 눈 나쁜 사람이 스쳐 지나가는 벽보의 나훈아와 너훈아를 가려내는 것만큼이나 어렵습니다. 그래서 신앙인에게는 분별의 지혜가 필요합니다. 지혜가 있어야 이단과 정통을 가려내고, 바른 성경해석과 엉터리 성경 해석을 가려낼 수 있습니다.

음녀와 바벨론의 멸망

요한계시록 17장에는 음녀가 멸망하는 이야기가 나오고 18장에는 바벨론이 멸망하는 이야기가 나옵니다. 음녀의 멸망과 바벨론의 멸망은 두 가지의 사건이 아니고 연속되는 사건도 아닙니다. 로마의 멸망이라는 한 가지 사건을 두 가지의 측면에서 서술한 것입니다. 이것이 바로 요한계시록이 즐겨 사용하는 '반복 기법'입니다. 음녀란 로마 제국을 종교적인 면에서 바라본 것이고, 바벨론이란 로마 제국을 정치적인 면, 혹은 경제적인 면에서 바라본 것입니다.

음녀와 바벨론이 하나라는 사실은 요한계시록 자체가 말해 주고 있습니다. 17장 5절에서 음녀의 이마에 이름이 적혀 있는데 그 중에 하나 '큰 바벨론'이라는 이름이 붙어 있습니다. 바벨론은 로마 제국을 상징하는 말입니다. 음녀와 바벨론이 모두 로마 제국을 가리키는 말이라는 사실을 명심하고 17장과 18장을 비교하면서 읽어 보시기 바랍니다.

먼저 음녀의 멸망을 살펴봅시다. 로마 제국을 음녀로 상징하고 있는데 음녀는 음행을 일삼는 여자를 말하지요. 음녀보다는 창녀라는 말이 더 실감날 듯합니다. 음녀인데 큰 음녀입니다. 큰 음녀는 혼자만 음행을 저지르는 것이 아니라 여러 여자들을 음행에 빠지게 하는 음녀라는 뜻입니다. 로마 제국은 당시 수많은 왕들과 백성들을 음행으로 몰아 넣었습니다.

음행이란 무엇인가요? 살아계신 하나님을 섬기지 않고 우상이나 다른 신을 섬기는 것을 뜻합니다. 로마 제국은 수많은 신들을 숭배하는 다신교의 성격을 띠고 있었고, 황제를 신으로 숭배하기까지 했습니다. 그러니 하나님 한 분만을 섬기는 기독교와 충돌할 수밖에 없지요. 요한계시록은 로마의 이런 행위를 '음행의 포도주에 취한 것'이라고 표현하고 있습니다. 음행의 포도주를 혼자만 마신 것이 아니라 땅의 여러 왕들과 같이 마시고 흠뻑 취했습니다.

특이하게도 음녀는 붉은색의 짐승을 타고 있습니다. 이제 음녀가 타고 있는 짐승의 정체를 밝혀 내야 할 차례입니다. 음녀가 탄 짐승의 정체에 대해서는 학자들의 의견이 분분합니다. 짐승에게 '일곱 머리와 열 뿔'이 달려 있는 사실에 착안하여 로마의 역대 황제들의 이름과 맞춰 보기도 하는 등 여러 가지 시도가 있지만 그런 것은 골치 아픈 작업이니까 깊이 알 필요는 없습니다. 다만 두 가지 사실만 기억하면 됩니다.

첫째, 짐승의 몸에는 하나님을 모독하는 이름들이 빼곡하게 적혀 있습니다(17:3). 이는 로마 제국과 그 추종세력이 살아계신 하나님을 모독하는 집단이라는 사실을 말해 줍니다. 둘째, 음녀는 성도들의 피와 예수의 증인들의 피에 취해 있다고 말합니다(17:6). 이는 로마 제국이 기독교인들을 박해하면서 무수한 순교의 피를 흘리게 했다는 사실을 일깨워 줍니다. 하나님을 모독하고 성도들의 피를 흘린 음녀가 하나님의 무서운 심판을 당하는 것은 너무나 당연한 일입니다.

음녀의 멸망을 살펴보았으니 이제 바벨론의 멸망을 살펴봅시다. 멸망하기 전 바벨론은 화려하고 사치스럽고 풍요로운 성으로 묘사됩니다. 바벨론 성에는 세계 각처에서 사들인 진귀한 상품들이 넘쳐납니다. 18장 12절과 13절에 소개되는 상품들의 목록을 보면 없는 게 없습니다. 금은보석을 비롯해서 비단, 상아, 향료 등 값비싼 물건들뿐만 아니라 포도주나 밀가루 같은 음식물도 있고, 소나 양 같은 가축도 있으며 심지어는 사람을 상품으로 취급하여 사고 팔기도 합니다.

바벨론 성은 물질적으로 보면 풍성하고 부유한 성이지만 영적으로 보면 타락하고 죄악이 넘쳐나는 성입니다. 요한계시록은 바벨론 성을 '귀신의 처소'라고 부릅니다. 이 성에는 온갖 더럽고 추한 영들이 다 모여서 우글거리고 있습니다. 한 마디로 죄악이 차고 넘치는 곳입니다. 바벨론의 죄악이 쌓이고 쌓여서 마지막에는 하늘 꼭대기에 닿을 정도가 되었습니다. 이러니 바벨론이 하나님의 심판을 피할 수 있겠습니까?

바벨론이 하나님의 심판을 받아 멸망하게 되었을 때 사람들의 반응이 두 가지로 나누어집니다. 한편에는 애통하며 탄식하는 무리가 있습니다. 애통하는 무리는 첫째로 바벨론 성과 함께 음행하고 사치

하던 왕들이고, 둘째로 바벨론에 온갖 상품을 팔아서 돈을 벌던 상인들이며, 마지막으로는 바다에서 배를 몰고 다니던 선장과 선원들입니다. 이들이 애통하는 것은 바벨론을 진심으로 염려해서가 아니고 자기들의 돈벌이 수단이 사라졌기 때문입니다.

요한계시록은 바벨론 성이 짧은 시간에 허물어졌다는 점을 강조합니다. '하루 동안'(18:8)에 무너졌다고 하고, '한 시간'(18:10)에 무너졌다고도 합니다. 그렇게 크고 화려하던 바벨론 성이 하루아침에 무너지리라고는 꿈에도 생각지 못했습니다.

다른 한편으론 바벨론의 멸망을 보고 기뻐 날뛰는 무리가 있습니다. 하나님을 섬기는 성도들이죠. 하늘의 음성은 "하늘과 성도들과 사도들과 선지자들아, 그로 말미암아 즐거워하라"(18:20)고 외칩니다. 하늘에서는 천사들이 즐거워하고 땅에서는 모든 성도들이 즐거워합니다. 이런 즐거움은 이미 예견된 것입니다. 바벨론의 멸망을 선포하는 천사가 나타날 때 온 땅이 환해졌다고 합니다(18:1). 뭔가 신나고 통쾌한 일이 벌어질 것을 암시하는 대목입니다.

오랫동안 동네 사람들을 지긋지긋하게 괴롭히던 조폭 두목이 죽었다는 소식을 들었을 때 동네 사람들의 심정이 어떠할까요? 미친개, 호랑이가 물어간 것처럼 속이 시원하겠지요. 오래 살다 보면 이런 일도 있습니다. 할렐루야 찬송이 절로 나옵니다. 소 잡고 닭 잡고 크게 잔치를 벌여야 할 판입니다.

어린 양의 신부를 보여 주마 - 새 예루살렘 성

요한계시록은 대조적인 두 성을 보여 주고 있습니다. 바벨론 성과 예루살렘 성이 그것입니다. 바벨론 성은 큰 성이고, 예루살렘 성은 거룩한 성입니다. 마지막 날 바벨론 성은 파멸에 이르고, 예루살렘 성은 우뚝 서게 됩니다. 성도들은 바벨론 성에서 빠져나와서 예루살렘 성에 들어가게 됩니다.

바벨론 성과 예루살렘 성의 운명은 마치 초상집과 잔칫집 같습니다. 멸망당한 바벨론 성의 모습은 영락없이 초상집입니다. 초상집에서는 곡소리가 나지요. 요한계시록 18장에서는 곡소리를 "화 있도다, 화 있도다"로 표현했는데 원어로는 '우아이, 우아이'입니다. 우리말로는 '아이고, 아이고' 정도가 되겠지요.

어떤 권사님은 장례식장 옆에 논이 있는데 이분은 장례식장에서 들려오는 곡소리만 들어도 돌아가신 분이 젊은 분인가, 나이 드신 분인가를 짐작할 수 있고, 또 자녀들 중에 딸이 많은가, 아들이 많은가도 금방 알 수 있다고 합니다. 바벨론 성은 어떤가요? 곡소리가 처량하기 그지없습니다. 멀쩡하던 사람이 갑자기 죽은 것처럼 통곡소리가 애처롭고 청승맞습니다. 바벨론 성이 그렇게 허무하게 무너져 버릴 줄은 아무도 예상치 못했습니다.

이와는 달리 예루살렘 성은 잔칫집 분위기입니다. 무슨 잔치인가요? 혼인 잔치입니다. 혼인 잔치라면 신랑, 신부가 있어야 할 텐데 신랑은 누구이고, 신부는 누구인가요? 신랑은 어린 양입니다. 어린 양은 예수님이라고 했지요. 그럼 신부는 누구입니까? 요한계시록은 신부가 누구인지 금방 가르쳐 주지 않습니다. 혼인 잔치가 벌어졌다는 얘기는 19장에 나오는데 신부가 등장하는 것은 21장입니다. 하기야 신부를 함부로 보여 주는 게 아니지요.

어린 양의 신부가 드디어 곱게 단장을 하고 나타났습니다. 아, 신부가 사람이 아니고 성읍이군요. 새 예루살렘 성이 신부입니다. 전혀 예상치 못한 일입니다. 신부를 보고 사람들이 깜짝 놀라서 입을 다물지 못합니다. 신랑은 어린 양, 신부는 새 예루살렘 성! 이제 신랑, 신부의 혼인 잔치가 벌어집니다. 바벨론 성에서는 '우아이, 우아이' 하는 곡소리가 터져나왔지만 예루살렘 성에서는 '할렐루야' 찬양 소리가 울려퍼집니다.

자, 이제 신부의 모습을 살펴봅시다. 어린 양의 신부가 된 새 예루살렘 성의 모습은 어떠할까요?

예루살렘 성의 특징은 '열둘'(12)이라는 숫자로 되어 있다는 점입니다. 성문이 열두 개입니다. 대개 성문은 네 개가 있는 것이 보통입니다. 동대문, 서대문, 남대문 등으로 말입니다. 그런데 예루살렘 성은 특이하게도 성문이 열두 개로 되어 있습니다. 성문을 지키는 천사들도 열두 명입니다. 성문의 이름은 이스라엘 열두 지파의 이름을 붙여 놓았습니다. 유다의 문, 에브라임의 문, 므낫세의 문 등등으로. 성벽 중간중간에는 기초석이 열두 개 있고, 거기에는 열두 사도의 이름이 적혀 있습니다. 베드로의 돌, 요한의 돌, 야고보의 돌 등등.

성벽의 높이는 144페기스라고 합니다. 페기스는 사람 팔뚝 길이 정도인데 그게 중요한 게 아니라 144라는 숫자가 중요합니다. 144는 12×12입니다. 이것 역시 '12'라는 숫자로 되어 있습니다. 성읍 전체의 길이는 만 이천 스다디온입니다. 여기서도 스다디온보다 '12,000'이라는 숫자가 중요합니다. 12,000은 12×1,000이죠. 역시 '12'라는 숫자가 숨어 있습니다.

예루살렘 성은 모든 것이 12라는 숫자의 조합으로 되어 있습니다. 12라는 숫자가 왜 이렇게 중요할까요? 12는 하나님이 선택한 백성을 뜻하는 숫자이기 때문입니다. 이스라엘 열두 지파도 하나님이 택하신 백성이고, 신약의 열두 사도도 예수님이 택하신 제자들입니다. 예루살렘 성이 12라는 숫자로 되어 있는 것은 그 성이 하나님께 선택받은 사람들만이 들어갈 수 있는 곳임을 암시합니다.

또한 예루살렘 성은 모든 것이 보석으로 꾸며져 있습니다. 열두 문은 커다란 진주로 만들어졌고, 길은 유리처럼 맑은 정금으로 깔아 놓았습니다. 성벽은 벽옥으로 쌓았고, 특별히 기초석은 열두 가지 보석으로 꽊아 놓았습니다. 저는 이 대목을 읽으면서 보석의 이름이 참 다양하다는 것을 느꼈습니다. 제가 아는 보석 이름은 기껏해야 비취, 자수정 정도인데 번역하는 사람도 꽤나 힘들었을 것 같습니다. 루터가 성경을 독일어로 번역할 때 보석의 이름을 정확하게 번역하기 위해서 보석상을 찾아가서 살펴보았다는 말이 생각납니다. 예루살렘 성이 보석으로 꾸며졌다는 것은 그 성이 그만큼 아름답고 소중하고 빛나는 성이라는 것을 말해 줍니다.

또 한 가지 예루살렘 성은 가로, 세로가 똑같다고 합니다. 길쭉하거나 삐틀어진 곳이 없이 모든 곳이 다 반듯합니다. 이것은 예루살렘 성이 공의와 정의로 다스려지는 곳임을 암시합니다.

예루살렘 성의 가장 큰 특징은 뭐니뭐니 해도 생명수의 강이 흐르고 있다는 것입니다. 생명수의 강은 성읍 한가운데를 가로질러 흐르고 있습니다. 재미있는 것은 생명수의 강 좌우에 있는 생명나무입니다. 생명나무에는 달마다 열두 가지 과일이 열린다고 합니다. 정월에는 배, 이월에는 사과, 삼월에는 대추, 이런 식으로 다달이 과일이 주렁주렁 매달립니다. 그렇게만 된다면 그 성 안에서는 배고파 굶주리는 사람이 하나도 없겠지요. 또 생명나무의 잎사귀는 만국 백성을 치료하는 약이 된다고 합니다. 그렇다고 한다면 그 성에는 아파서 고생하는 사람이 아무도 없겠지요. 배고프지도 않고, 병으로 신음하지도 않고 영원한 생명을 누리는 곳이 바로 예루살렘 성입니다.

누가 이 성에 들어갈 수 있을까요? 요한계시록은 이렇게 답합니다.

"오직 어린 양의 생명책에 기록된 자들만 들어가리라"(21:27 뒤).

그럼 생명책에 기록되지 못한 사람들은 어디로 가나요? 그들은 '불못'에 던져집니다(20:15). 사탄과 짐승과 거짓 선지자도 불못에 던져지고, 사망과 음부도 불못에 던져집니다. 불못은 둘째 사망을 상징하는 말입니다.

두 가지 경고

요한계시록의 결론은 22장 6절부터 21절까지입니다. 요한계시록은 결론에서 두 가지 중요한 경고의 말씀을 던져 줍니다. 첫째는 우상숭배에 빠져서는 안 된다는 경고이고, 둘째는 요한계시록의 말씀을 가감해서는 안 된다는 경고입니다.

첫 번째 경고부터 봅시다. 22장 7절에 예수님의 말씀이 나옵니다. 예수님이 직접 요한에게 말씀하고 계십니다. 그동안에는 주로 천사들을 통해서 간접적으로 말씀하셨지만 지금은 예수님이 직접 나타나셔서 음성을 들려 주십니다. 여기에서 요한의 반응을 주목할 필요가 있습니다. 요한이 갑자기 천사한테 엎드리더니 경배를 하려고 합니다. 19장 10절에서도 요한이 천사한테 경배하려고 해서 천사가 간신히 말렸는데 또다시 그럽니다. 더군다나 지금 예수님이 친히 나타나셔서 음성을 들려 주고 계시는데 예수님을 제쳐놓고 천사한테 경배하려고 하다니 이게 될 법이나 한 일입니까? 요한은 교회의 지도자입니다. 일반 교인들이 그런 일을 하면 요한이 말려야 할 입장인데 오히려 앞장서서 이런 일을 하고 있으니 요한이 과연 정신이 제대로 박힌 사람인가 의심스럽습니다.

요한계시록은 결론에서 왜 이런 이야기를 하는 것일까요? '하나님과 예수님께만 경배하라'는 것이 요한계시록의 핵심 주제라는 것을 앞에서 얘기했지요. 그 주제를 다시 한 번 강조하기 위해서입니다. 우리의 경배를 받기에 합당한 분은 온 세상에 오직 하나님과 어린 양 예수님뿐입니다. 로마 황제도 경배받을 자격이 없습니다. 아무리 위대한 권세자도 경배받을 자격이 없습니다. 어떤 종교지도자도 존경을 받을 수는 있어도 경배를 받는 일은 마땅치 않습니다. 비록 하늘의 천사라 할지라도 경배를 받을 수 없습니다.

그러나 인간의 본성은 부패해서 하나님 대신 우상에게 경배하고, 천사에게 경배하고, 세상 권세자나 이단 교주에게 경배하기 일쑤입니다. 종교개혁자 칼뱅의 말과 같이 인간의 마음은 우상 공장입니다. 틈만 나면 온갖 우상을 만들어서 섬기고 경배하려고 합니다. 요한이 두 번씩이나 천사에게 경배하려고 한 것은 우상숭배의 유혹이 얼마나 뿌리 깊은 본성인가를 단적으로 보여 주는 것입니다. 요한계시록은 결론적으로 '하나님과 예수님께만 경배하라'는 주제를 되풀이해서 일깨워 주고 있습니다.

두 번째 경고를 봅시다. 요한계시록에 기록된 말씀을 더하거나 빼지 말라고 합니다. 말씀을 더하는 사람은 재앙도 더할 것이고, 말씀을 빼는 사람은 새 예루살렘 성에 들어가는 특권과 축복을 뺄 것이라고 합니다. 재앙은 빼고 축복은 더해야 될 것 아닙니까? 그런데 거꾸로 재앙을 더하고 축복을 뺀다고 하니 끔찍한 경고입니다. 왜 이런 경고를 하는 것일까요? 요한계시록을 쓰신 분은 요한계시록을 엉뚱하게 해석해서 순진한 교인들을 미혹하는 무리가 많이 나타날 것을 일찌감치 예견하고 있습니다.

오늘날 이단, 사이비 집단이 여기에 해당됩니다. 이런 사람들에게 하나님의 무서운 재앙이 임할 것임을 경고하고 있습니다. 앞에서 요한계시록을 잘 해석하면 약이 되지만 잘못 해석하면 독이 된다고 했지요. 요한계시록을 독약으로 만드는 무리를 조심해야 합니다.

예수님은 "내가 속히 가리라"(22:7, 12, 20)라는 약속을 여러 번 되풀이합니다. 예수님의 재림 약속은 믿을 만한 것이고 변함이 없는 것입니다. 요한은 예수님의 약속에 "아멘 주 예수여 오시옵소서"(22:20)라는 말로 화답합니다. "주여 오시옵소서"는 아람어로 '마라나타'입니다. 초대 교인들은 '마라나타'라는 말로 인사를 하고 안부를 물었습니다. 오늘날 우리가 '할렐루야'로 인사를 하듯이 그들은 '마라나타'로 인사를 했습니다. 사도 바울도 고린도에 보내는 편지에서 마지막에 '마라나타'로 인사를 하고 있습니다(고전 16:22). 예수님이 이 땅에 다시 오시는 그날까지 우리 가슴에 '마라나타'를 깊이 새기고, '마라나타'로 인사하면서 재림의 소망을 되새겨야 할 것입니다.

마지막으로

이제 제 이야기를 마칠 때가 되었습니다. 요한계시록은 여러 가지 신앙의 덕목 중에서 '지혜'와 '인내'의 덕을 유난히 강조합니다.

> "'지혜'가 여기 있으니"(13:18).
> "성도들의 '인내'가 여기 있나니"(14:12).

마지막 때 성도들이 적그리스도의 무서운 박해를 이겨 내려면 끝까지 참고 견디는 '인내의 신앙'이 필요하고, 특히 이단 사이비의 미혹과 속임수에 넘어가지 않으려면 '분별과 지혜의 영'이 필요합니다. 여러분이 이 책을 참고하여 요한계시록을 찬찬히 읽어 보면 미혹하는 세력을 가려내는 분별의 지혜를 터득하게 될 것입니다.

이 책을 읽은 후에 여러분에게 교회를 사랑하는 마음이 뜨겁게 달아오르기를 바랍니다. 이 책이 유익한 '쑥덕공론'이 되어 퍼져 나가기를 바랍니다. 그래서 여러분의 믿음이 '쑥쑥' 자라고, 교회를 위협하는 이단, 사이비를 능히 물리치게 되기를 기도합니다. 마라나타!

MEMO

요한계시록은 쑥떡이다

1판 1쇄 인쇄 _ 2016년 9월 20일
1판 1쇄 발행 _ 2016년 9월 26일

지은이 _ 오종윤
펴낸이 _ 이형규
펴낸곳 _ 쿰란출판사

주소 _ 서울특별시 종로구 이화장길6
편집부 _ 745-1007, 745-1301~2, 747-1212, 743-1300
영업부 _ 747-1004, FAX 745-8490
본사평생전화번호 _ 0502-756-1004
홈페이지 _ http://www.qumran.co.kr
E-mail _ qrbooks@gmail.com/qrbooks@daum.net
한글인터넷주소 _ 쿰란, 쿰란출판사
등록 _ 제1-670호(1988.2.27)
책임교열 _ 송은주

 ISBN 978-89-6562-928-3 93230